U0840151

给青少年讲红色纪念馆里的故事丛书

星星之火，可以燎原：
井冈山的革命故事

井冈山革命博物馆　编著

中原出版传媒集团
中原传媒股份公司

大象出版社
·郑州·

图书在版编目(**CIP**)数据

星星之火，可以燎原：井冈山的革命故事 / 井冈山革命博物馆编著. — 郑州：大象出版社，2024. 7
(给青少年讲红色纪念馆里的故事丛书)
ISBN 978-7-5711-2133-4

Ⅰ. ①星… Ⅱ. ①井… Ⅲ. ①井冈山革命根据地-革命纪念地-青少年读物 Ⅳ. ①K878. 2-49

中国国家版本馆 CIP 数据核字(2024)第 046874 号

给青少年讲红色纪念馆里的故事丛书

星星之火，可以燎原：井冈山的革命故事

XINGXINGZHIHUO，KEYILIAOYUAN：JINGGANGSHAN DE GEMING GUSHI

井冈山革命博物馆 编著

出 版 人 汪林中
丛书策划 董中山
项目总监 张桂枝
项目统筹 孟建华 崔 征
责任编辑 陈 刚 崔炳枝
责任校对 安德华
装帧设计 付锬锬
责任印制 张 庆

出版发行 大象出版社(郑州市郑东新区祥盛街 27 号 邮政编码 450016)
发行科 0371-63863551 总编室 0371-65597936
网 址 www.daxiang.cn
印 刷 河南瑞之光印刷股份有限公司
经 销 各地新华书店经销
开 本 720 mm×1020 mm 1/16
印 张 10. 25
字 数 101 千字
版 次 2024 年 7 月第 1 版 2024 年 7 月第 1 次印刷
定 价 39. 00 元

若发现印、装质量问题，影响阅读，请与承印厂联系调换。
印厂地址 武陟县产业集聚区东区(詹店镇)泰安路与昌平路交叉口
邮政编码 454950 电话 0371-63956290

丛书编委会

本书编委会

主　编

刘宇祥　袁海晓

副主编

饶道良　周见美　何小文

我们走过的路（总序）

“什么是路？就是从没路的地方践踏出来的，从只有荆棘的地方开辟出来的。”

漫长的古代，在世界文明发展的道路上，我们曾经长期领先。到了近代，中国开始逐渐落后。鸦片战争使得“天朝上国”的旧梦彻底破灭，两千多年的封建道路再也走不下去，并随即堕入半殖民地半封建社会的深渊。

百年中国近代史，是一部屈辱史、抗争史，更是一部探索史。然而探索的道路充满血泪艰辛。北洋舰队的覆灭宣告洋务运动破产，谭嗣同的流血冲淡不了戊戌变法的败局，“城头变幻大王旗”揭示出辛亥革命的无奈……列强环伺，生灵涂炭，中国前进的道路在何方？民族复兴之路在哪里？！

历史的重担落到了中国共产党肩上。“十月革命一声炮响，给我们送来了马克思列宁主义”，经由五四新文化运动，马克思主义开始在中国广泛传播，1921 年 7 月，在上海，中国共产党正式成立——中国革命的面貌从此焕然一新！

现在我们正走在中国特色社会主义的道路上，我们的国家和民族已经站起来、富起来，正在强起来。习近平总书记强调指出：“走得再远、走到再光辉的未来，也不能忘记走过的过去，不能忘记为什么出发。”

红色纪念馆能够告诉我们来时所走过的路，告诉我们为什么要出发——她是历史的积淀，是探索的记录，是前行的坐标。红色纪念馆用大量的实物、图片、文字、音视频等，浓缩了一段段难忘岁月，展现了一个个感人场景，记录了那些让我们不能忘却也无法忘却的重大事件和重要历程，彰显着我们昂扬的民族精神，温暖着我们砥砺前行中的心灵！

青少年是祖国的未来，是担当民族复兴大任的时代新人，更需要身怀梦想，牢记初心，不忘来时的路。为此，我们编写了这套“给青少年讲红色纪念馆里的故事丛书”，希望广大青少年在前行的道路上、在人生的“拔节孕穗期”，汲取更多的营养，积蓄更多的发展力量。

希望阅读这套图书，恰似行走在研学旅行的探索之路上，红色号角在耳畔嘹亮吹响；又似畅游在革命文化大河之中，乐观向上、坚韧不拔的东风迎面扑来。首先我们来到北京新文化运动纪念馆，看一看在那个风起云涌的年代，马克思主义如何传入中国，历史为什么会选择中国共产党；接着我们来到中国共产党第一次全国代表大会纪念馆，去感受“开天辟地创伟业”的神圣时刻、重温伟大中国共产党的创建；然后我们来到南昌八一起义纪念馆，目睹人民军队的诞生、建军大业的完成；我们来到井冈山，感受“星星之火，可以燎原”的力量；我们来到瑞金，追述一段红色故都的往事；我们来到遵义，去重温伟大转折、传唱长征史诗；我们来到延安，去拥抱那段难忘的革命岁月；我们来到八路军太行纪念馆，听一听中国共产党领导人民进行伟大抗战的故事；最后，我们来到西柏坡——这个时候，新中国已如一轮红日冉冉升起！

这就是我们走过的路。

这里面蕴含着我们的道路自信、理论自信、制度自信和文化自信。今天，“我们比历史上任何时期都更接近、更有信心和能力实现中华民族伟大复兴的目标”；“我们要一棒接着一棒跑下去，每一代人都要为下一代人跑出一个好成绩”。

这是历史的使命！

丛书编委会

2024 年 1 月

让信仰点亮人生（代序）

井冈山，地处湘赣两省交界的罗霄山脉中段，古有“郴衡湘赣之交，千里罗霄之腹”之称。井冈山革命根据地的红色区域主体包括六县一山（六县指江西的宁冈、永新、莲花、遂川，湖南的酃县、茶陵；一山指井冈山），鼎盛时期面积达 7200 平方公里，人口 50 余万，割据势力曾扩展到安福、吉安各一小部。

有人说，井冈山是一段历史，更是一种精神。

是的，井冈山的斗争时间不长，从 1927 年 10 月起，到 1930 年 2 月，也就两年零四个月，但井冈山斗争在中国革命史上占据着非常重要的地位。两年零四个月的井冈山斗争锻造了一种带有原创意义的民族精神，这种精神就是井冈山精神，井冈山精神概括地说就是“坚定信念、艰苦奋斗，实事求是、敢闯新路，依靠群众、勇于胜利”。井冈山的斗争是残酷的，两年零四个月，共有近5万名红军战士壮烈牺牲。什么概念呢？就是算下来两年零四个月，850天左右，平均每天有50多名红军战士倒在这块红色的土地上。可见当时的井冈山斗争是多么惨烈，井冈山人民为中国革命的胜利付出了巨大的牺牲。

还有人说，世界上没有哪一座山，能够与一个国家、一个民族和一支军队的命运如此紧密相连。

是的，胸怀理想、坚定信念，是井冈山精神的精髓。在那段艰苦卓绝的岁月里，毛泽东、朱德、彭德怀等老一辈无产阶级革命家凭着坚定的理想信念，在敌强我弱、缺医少药、物质匮乏、生存环境极其恶劣的条件下，领导井冈山军民克服了一个又一个困难，战胜了一批又一批的敌人，使得点点星火终成燎原之势。

因为有秋收起义，有三湾改编，有朱毛会师，有星火燎原，有无数人因为信仰而凝聚的众志成城的伟力，革命伟业才得以成就。井冈山，当之无愧地成为“天下第一山”，成为红色的圣地、中国革命的摇篮。

2016年2月2日，习近平总书记第三次登临井冈山，他深情地指出：“井冈山是革命的山、战斗的山，也是英雄的山、光荣的山。”“井冈山时期留给我们最为宝贵的财富，就是跨越时空的井冈山精神。今天，我们要结合新的时代条件，坚持坚定执着追理想、实事求是闯新路、艰苦奋斗攻难关、依靠群众求胜利，让井冈山精神放射出新的时代光芒。”

这种跨越时空的革命精神蕴藏在红色基因中，蕴藏在无数先辈对党的无限忠诚以及对革命事业无比坚定的信仰里。

正是因为有了这份信仰，大革命失败后，秋收起义剩下的一支不足 800 人的弱小部队，才能燃起“工农武装割据”之火，并用它照亮中国革命的前程；才能面对强大敌人的数次“会剿”、血雨腥风的白色恐怖，能够频频“报道敌军宵遁”，最终夺取中国革命的胜利；才能在这片“人口不满两千，产谷不足万担”的穷乡僻壤，扎下根来，并不断发展、壮大；才能让一大群年轻人身处大山、筚路蓝缕，“铺稻草、点油灯、打游击”；才能聚集起数百名留学生、大学生、军校生等精英才干“我以我血荐中华”；才有“敌军围困万千重，我自岿然不动”的那份毅然和决然；才有这种不屈不挠的精神力量支撑着革命先烈在井冈山开展艰苦卓绝的斗争，用生命呵护着这革命的星火！

今天，井冈山的烽火硝烟早已散尽，但是井冈山留给我们的宝贵精神财富，任何时候都在发挥着正能量。共产党人的浩然正气和恢宏的井冈山精神，永远都是我们的营养剂。把先辈们的故事讲给更多的人听，把这一段辉煌的历史重新擦亮，继而烛照人们的初心和人生，这是我们作为井冈山人民的后代的责任，也是我们的幸福。

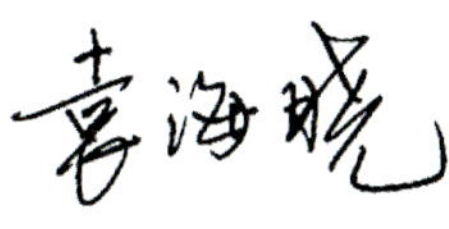

2024 年 1 月

目　录

第一部分

坚定执着追理想

——革命斗争的动力源

当年，在敌强我弱的严峻形势下，正是因为有了远大的革命理想和必胜的革命信念，党领导下的人民军队才有了战胜一切困难的超凡勇气，才能经得住血雨腥风的战斗洗礼和艰难困苦的意志考验。

从秋收起义失利到引兵井冈山，从三河坝失利到井冈山会师，工农革命军艰难转战，从白色恐怖的四面包围，到井冈山军民做到“我自岿然不动”，从孤独百年的小山村中“唤起工农千百万”，到燃起“工农武装割据”的燎原之火，如果没有毛泽东、朱德、陈毅等共产党人始终坚定信念，正确引导和鼓励，一支没有信念、没有方向、没有希望的队伍，是不可能凝聚在一起的。正因为理想信念坚定，才成就了中国共产党领导的中国革命的胜利。

当前我们面临的是一个崭新的历史时期，也意味着我们新一轮努力奋斗的开始。在这个背景下，更需要坚定的理想信念来推动我们迅速行动起来，用自己一点一滴的付出，来实现中国梦的目标。这个目标是全国各族人民共同的愿望，是每一个青少年都应该为之奋斗的目标。

三湾改编铸军魂

为什么要保证党对军队的绝对领导

党对军队的绝对领导奠基于三湾改编

习近平总书记在纪念中国人民解放军建军 90 周年的讲话中强调："党对军队绝对领导的根本原则和制度，发端于南昌起义，奠基于三湾改编，定型于古田会议，是人民军队完全区别于一切旧军队的政治特质和根本优势。"当时为什么要保证党对军队的绝对领导？此次改编又是怎样铸就军魂的呢？

在湘赣边界的永新、茶陵、莲花、宁冈交界处，群山环抱，岔路纵横，中间的一块平地上有一个小山村，四周绿树葱茏。90 多年前，在这个小山村里发生了一件对我军影响深远的大事——三湾改编，并由此确立了党对军队的绝对领导。

1927 年 9 月 9 日，毛泽东在湘赣边界修水等地领导了著名的秋收起义。秋收起义的目标是攻占长沙，但当时敌强我弱的态势非常明显，再加上起义军某些指挥员指挥失当，士兵缺乏斗争经验，

枫树坪全景

新收编的一部分部队临阵叛变，导致军队严重受挫。毛泽东果断决定放弃攻打长沙的计划，指挥军队向江西西部撤离，以保存宝贵的革命力量。

在撤退途中，起义军屡遭偷袭，损失惨重。起义以来的 20 天时间里，部队人数从 5000 多人锐减到不足 1000 人。更为严重的是部队思想混乱，士气极其低落，士兵逃亡的现象时有发生。

当攻城失利的秋收起义部队到湖南浏阳文家市集合后，毛泽东主持召开军事会议，经过激烈争论，会议决定采纳毛泽东的主张，放弃攻打长沙，向南转移到敌人统治力量薄弱的农村山区。部队走到江西萍乡县芦溪镇时，遭遇敌军和地主反动武装的偷袭，伤亡惨重，士气低落，士兵不断逃亡。当部队到达莲花县三板桥时，毛泽东叫来何长工，要他去永新找一个上井冈山途中安全的休整地。9 月 25 日下午，何长工来到永新石市村，找到了大革命时期的农会干部汪季元。汪季元说，过了高溪乡后，爬越十里山路，有个九陇山脉，在群山环抱的山沟里，有个三湾村。那里既没有地方反动武装，又能摆脱敌军追击，还可以直达罗霄山脉。何长工连夜返回三板桥，向毛泽东汇报此事。毛泽东当即决定去三湾。

经过艰苦转战，1927 年 9 月 29 日，毛泽东率领湘赣边界秋收起义部队抵达永新县三湾村。

三湾村地处湘赣边区的九陇山区，是茶陵、莲花、永新、宁冈四县的交界地，有 50 多户人家，在山区算是较大的村庄。毛泽东在到达三湾的当天晚上，就主持召开了前敌委员会议，决定对起义部队进行整顿和改编。

具体而言，三湾改编有三项重大决定：

一、整编部队，压缩编制。把原来的工农革命军第一军第一师缩编为一个团，称工农革命军第一军第一师第一团。这在当时是

三湾村钟家祠——工农革命军第一军第一师第一团团部旧址

三湾村毛泽东旧居

非常紧迫的，因为人变少了，架子太大不利于指挥。

二、在连队里建立士兵委员会的民主制度，实行官兵平等，经济公平，破除旧军队的那种雇佣关系，并初步建立统一的部队文化。

三、党组织建立在连上，建立党的各级组织和党代表制度。班里有党员，排里有党小组，连以上设党代表，营、团以上建立党委，全军由党的前敌委员会领导，从而确立了“党指挥枪”的原则，奠定了我军政治工作的基础，是我军“历经艰难困苦而不溃散”的根本保障。因为当时规定，凡是军中的大事，都要经过支部、党委讨论决定，从而确立了党对军队的领导。

10 月 3 日清晨，毛泽东在三湾村的枫树坪集合部队，宣布了

油画《三湾改编》

改编的决定，并对部队做了动员讲话。毛泽东的讲话给了官兵们巨大的鼓舞。经过改编，工农革命军的精神面貌焕然一新，他们高举军旗，离开三湾向宁冈进发，踏上了新的征程。

三湾改编塑造了一支我党绝对领导下的新型人民军队，它第一次把“支部建在连上”，实行党代表制度，确立了党对军队的绝对领导，塑造了我军的军魂，把“造成真正革命的工农军队”的设想成功地付诸实践；第一次在军队内实行民主制度，形成了新型人民军队的管理基础。因此，三湾改编实际上是我军的新生，它标志着毛泽东的政治建军思想已初步形成，是我党政治建军史上的第一块里程碑。

坚定的理想信念是人民军队的政治灵魂。在逆境中，尽管有人悲观失望，有人不辞而别，甚至有人叛变投敌，但坚定的共产党人仍然高擎火炬前行。

部队离开后，三湾群众无限怀念毛委员和工农子弟兵，在当地还广泛流传着一首《三湾降了北斗星》的红色歌谣：

三湾降了北斗星，
满山遍野通通明。
一九二七那一年，
三湾来了毛委员。
三湾来了毛委员，
带来工农子弟兵。

红旗飘飘进三湾，

九陇山沟闹革命。

历史小百科

熊寿祺谈三湾改编

曾担任红四军第十师二十八团一营党代表的熊寿祺，1951 年六七月间发表文章，回忆三湾改编时，他说：“毛主席在三湾息军数日，将部队整编为一个团，实际只有一、三两个营，此时他以党的中央委员的资格领导军队，同时他就在三湾开始改造军队。以连为单位组织了士兵委员会，由士兵管理伙食，开始了士兵的民主生活，发展军队中的批评与自我批评，并以连为单位组织了党的支部，作为士兵委员会的领导骨干。同时他又把当时党政群的最高领导机关，党的前敌委员会（简称“前委”，毛主席兼书记）扩大组织，吸收连支部的士兵同志参加，一切重大行动，都须经过有这士兵参加的前敌委决定，从上至下，改变了警卫团自武昌出发以来单纯军事领导的办法。经过这番整顿，军心也随之巩固了，士气也随之增高了。这就是毛主席当年初次建军的实际情况。”

毛泽东被“开除党籍”

革命引路人差点成了党外民主人士

毛泽东在井冈山笑谈生死

“弹指三十八年，人间变了，似天渊翻覆。犹记当时烽火里，九死一生如昨。”这是毛泽东1965年5月重上井冈山时，抚今追昔，写下的词句。

毛泽东一生经历过多次枪林弹雨的考验，每次都是险象环生，但每次都能化险为夷。其实，毛泽东被误传“开除党籍”，可以说是他在井冈山，甚至从某种意义上讲是他一生中最大的不幸遭遇。但面对挫折和困难，他始终坚持理想不动摇，因为他始终坚信：“当天空出现乌云的时候，我们就指出，这不过是暂时的现象，黑暗即将过去，曙光就在前头。”

毛泽东率领工农革命军在茶陵、遂川、宁冈三县建立红色政权后，革命形势如火如荼，蓬勃发展。但不久，一件意想不到的事情发生了，这件事对他的打击实在太大了，以至于他一辈子都不能忘记。

1927年秋收起义后，起义部队只攻打了铜鼓、浏阳、醴陵三个县，就损兵过半。毛泽东相机而动，放弃了攻打长沙的计划，转而向井冈山进军。不明具体情况的党中央得到消息后，于11月9日在上海召开政治局扩大会议，对毛泽东违抗中央命令的行为作了严肃的处分决定。中央认为毛泽东犯了严重的政治错误，并把他中共中央临时政治局候补委员的职务也撤掉了。接着，中央派湖南省委特派员周鲁到井冈山传达中央决定。周鲁在传达时走了样，说中央开除了毛泽东的党籍。

据周鲁说，他是看了中共中央文件的，在这个文件中，明确写有中共中央开除毛泽东党籍的决定，他只不过是前来执行党中央的决定而已。

而所谓的这份中共中央文件，其实是一份《政治纪律决议案》，

遂川县工农兵政府旧址

其中对毛泽东的处分是这样写的：

> 湖南省委委员彭公达、毛泽东、易礼容、夏明翰，应撤消（销）其现在省委委员资格。彭公达同志应开除其中央政治局候补委员资格，并留党察看半年。毛泽东同志为“八七”紧急会议后中央派赴湖南改组省委执行中央秋暴政策的特派员，事实上为湖南省委的中心，湖南省委所作（犯）的错误毛同志应负严重的责任，应予开除中央临时政治局候补委员。

这份文件是1927年11月14日做出的，因为关山阻隔及敌人的封锁，只能通过秘密地下交通员传递，从上海传到湖南，颇费时日。周鲁到宁冈要通过白区，不能随身携带中共中央文件，只能凭记忆进行传达，因而把撤销毛泽东中共中央临时政治局候补委员的职务，误传为开除毛泽东的党籍。

1956年9月10日，毛泽东在党的八大的一次预备会上谈及上述事件时说：“开除党籍了又不能不安个职务，就让我当师长。我这个人当师长就不那么能干，没有学过军事。因为你是个党外民主人士了，没有办法，我就当了一阵师长。”“后头又说这是谣传，是开除出政治局，不是开除党籍。啊呀，我这才松了一口气！那个时候，给我安了一个名字叫‘枪杆子主义’，因为我说了一句‘枪杆子里头出政权’。他们说政权哪里是枪杆子里头出来的呢？马克思没有讲过，书上没有那么一句现成的话，因此就说我犯了错误，就封我一个‘枪杆子主义’。的确，马克思没有这么讲过，但是马克思讲过‘武装夺取政权’，我那个意思也就是夺取政权，并不是讲步枪、机关枪那里头就跑出一个政权来。”

毛泽东被误传“开除党籍”，可以说是他在井冈山，甚至从某种意义上讲是他一生中最大的不幸遭遇。尽管被误传，但毛泽东依然能化险为夷，不过化险的办法不是其他，而是时间。因为1928年4月上旬，毛泽东率部来到湘南，在湘南特委看到了这份中共中央文件，方知周鲁在口头传达时误传了中央的决定，并且知道了自己只是被撤销中共中央临时政治局候补委员的职务，而不是开除党籍，他心头的阴霾终于一扫而光。

历史小百科

毛泽东提出“枪杆子里头出政权”

1927年8月7日，中共中央在汉口召开紧急会议，会议是在蒋介石、汪精卫先后叛变革命，大批共产党员和革命群众惨遭屠杀，中国革命处于严重危机的紧要关头召开的，会议坚决纠正了以陈独秀为代表的右倾投降主义错误，确定实行土地革命和武装反抗国民党反动派的总方针。毛泽东在发言中指出，党中央所犯错误中的一个错误是没有认识到军队的极端重要性。他强调，全党“要非常注意军事，须知政权是由枪杆子中取得的”。毛泽东的意见切中要害地指明了大革命失败的经验教训，实际上提出了以军事斗争作为党的工作重心的问题。这段话，后来成为党创建、领导和掌握人民武装并进行斗争的行动口号。

宛希先勇斗叛徒

工农革命军险遭一场重大灾难

“湖口挽澜”

毛泽东在茶陵湖口挫败陈浩一伙的叛变阴谋，是中国共产党内、人民军队内第一次非常成功的肃反。这次肃反，清除了隐藏在党内、军内的一小撮反革命投机分子，化解了井冈山革命根据地初创时期的分裂危机，在极端危急的时刻挽救了年幼的工农革命军，壮大了工农革命军，为井冈山革命根据地的发展与壮大保存了力量。

1938 年 2 月，美国著名作家埃德加·斯诺《西行漫记》的中译本出版，书中记载了毛泽东的一段话：“1927 年 11 月第一个苏维埃在湖南边界的茶陵成立了，第一个苏维埃政府选举出来了。”

这里所说的“第一个苏维埃政府”，就是茶陵县工农兵政府，被认为是中国共产党红色建政的开篇之作。

1927 年 10 月，引兵井冈山的毛泽东为了践行“枪杆子里头出政权”的战略决策，在秋收起义爆发 40 多天之后，即指示工农革命军攻打湖南茶陵县城。但立足未稳的工农革命军迫于敌军的步步进逼，在攻克县城，并查抄县署、解救数十名被关押的工农运动骨干后及时退出了茶陵城。

宛希先

由于茶陵地处湘赣要冲，自然条件良好，战略地位重要，又有较好的群众基础，毛泽东萌生了“经营茶陵”的打算。11 月 15 日，得知茶陵县城空虚，毛泽东决定二打茶陵。这一次，本来他要亲自带队的，却因脚伤，行动不便，只好派工农革命军第一军第一师第一团团长陈浩、党代表宛希先等带队攻城。

11 月 18 日，茶陵县城被攻克。这是工农革命军占领的第一座县城。在大家酝酿成立茶陵工农兵革命政府之时，陈浩擅自做主，委派在北伐时期曾担任过安徽旌德县县长的工农革命军干部谭梓生出任县长。宛希先提醒陈浩应该选举县长，陈浩一意孤行，坚持让谭梓生走马上任。谭梓生根本不懂如何管理政务，他命令商会征粮催款，让一些士兵站在衙门口充当衙役，将一个红色政权办成了旧的县衙。

而陈浩自己却迷上了这座县城的“酒绿灯红”，还把打土豪得来的钱物私自扣下享乐。宛希先对此甚为忧虑，连忙写信报告毛泽东。毛泽东立即回信指示：“由部队派人当县长是不对的。不能按国民党那一套办，要成立工农兵政府。要保护商店、保护邮局、保护学校、保护医院……”宛希先接到信后，立即向部队里的党员、团营级干部、士兵委员会以及茶陵的党组织、工会、农民协会作了传达。此后，他按照毛泽东的指示，开始了组建茶陵县工农兵政府的筹备工作。11 月 28 日，茶陵县工农兵政府正式成立，由谭震林、李炳荣、陈士榘组成工农兵代表会议，谭震林当选为工农兵政府主席。这是井冈山根据地第一个县级红色政权。

茶陵县工农兵政府的成立，对井冈山的革命斗争起了极大的推动作用，同时也引起了军阀反动派的仇视。湖南国民党军纠集当地地主武装进攻茶陵。宛希先面对重兵压境，毫无惧色，他一面向毛泽东汇报军情，一面组织革命军沉着应战。

当时在湖南桂东打游击的三营营长张子清率部星夜兼程赶到茶陵参战，增强了工农革命军的战斗力量。但是，由于敌我力量悬殊，战斗打得非常艰苦。为了保存革命力量，宛希先和张子清主张撤出茶陵，回师井冈山。但是陈浩一伙却坚持要把部队拉往湘南。

宛希先觉察到他们把部队撤往湘南必有阴谋。为了得到证据，他和张子清秘密商议，决定派可靠人员摸清他们的行踪。

侦察人员很快截获了陈浩等人写给国民党第十三军军长方鼎

油画《茶陵工农兵政府成立》

英的投降信。原来，革命意志薄弱的陈浩早已有了叛变之心。为此，他蓄意拆除了通往井冈山的东门浮桥，引导部队南撤，准备投靠驻扎湘南的国民党军方鼎英部。

“这是一场关系到数百名革命军战士生死存亡的斗争，我们一定要保住部队，千万不能让他们的阴谋得逞。”宛希先郑重而又坚定地对张子清说。

12 月 27 日，部队行至茶陵县湖口。这是回井冈山和去往湘南的三岔路口。宛希先望着 700 多人的队伍，严肃地说：“我们是共产党、毛委员领导的工农革命军，我们的立足点在井冈山，我们的领头人是毛泽东，去湘南投靠国民党方鼎英，那就是叛变革命！”

陈浩凶相毕露，拍着腰间的手枪，狞笑着威胁宛希先说：“不跟团长走，老子今天对你不客气！”

“你敢！有胆量就向战士们说，谁愿意跟你去当叛徒？”宛希先和张子清异口同声地说。

正在这千钧一发之际，接到宛希先紧急情报的毛泽东带人赶到了湖口。

毛泽东听了宛希先的汇报后，当场宣布撤销部队开往湘南的命令，并召开营以上干部会议。会上，宛希先历数陈浩等人自从打茶陵以来破坏革命军纪律以致走上叛变投敌道路等一系列罪行，并向大家公布了陈浩一伙写给方鼎英的投降信。

根据这些情况，毛泽东果断宣布逮捕陈浩、徐庶、韩昌剑，撤销了他们的职务。随后，他把处在险境的部队安全地带回到了宁冈县城。

历史小百科

湘赣边界第一个县级红色政权——茶陵工农兵政府

1927 年 9 月底，毛泽东对秋收起义部队进行了改编。10月7日部队进驻宁冈茅坪。工农革命军在井冈山上安家后，毛泽东便将攻打茶陵作为向外发展的首选目标。

1927 年 11 月 18 日，工农革命军攻占茶陵县城。11 月 28 日，茶陵县工农兵政府正式成立，选举谭震林为主席。随后，成立了由陈韶任书记的中共茶陵县委，恢复了工会、农会，建立了赤卫队，抽调工作人员和士兵组成工作队，深入农村，帮助基层建立政权，广泛发动群众，开展打倒土豪劣绅斗争，开展土地革命，全县出现了轰轰烈烈的革命景象。12 月下旬，国民党军进攻茶陵县城。工农革命军奋起反击，后因敌强我弱，主动撤出县城。

湘赣边界第一个工农革命政权——茶陵县工农兵政府的建立，是毛泽东领导武装夺取政权的伟大尝试，开创了井冈山根据地建立革命政权的先河，积累了红色政权建设的重要经验。

贺页朵不忘初心的宣誓

共产党早期入党誓词的见证

为什么入党要宣誓

什么是入党誓词？所谓誓词就是一个人表示的决心和做出的承诺；而入党誓词作为誓词的一种，体现了一个党组织对其党员的基本要求。中国共产党入党誓词就是中国共产党对党员的基本要求，是共产党员对党和人民作出的庄严承诺和保证，同时也是党员共同遵守的行为准则。

井冈山革命斗争时期，毛泽东就十分注意通过入党宣誓仪式来对新党员进行党性教育。1927 年 10 月中旬，毛泽东在酃县水口村叶家祠堂主持了 6 名新党员的入党宣誓仪式。他向新党员详细解释了入党誓词的意思，然后带着他们宣读入党誓词。

入党誓词是新党员入党时对党和人民作出的庄严承诺，同时也是党员必须遵守的行为准则，体现了我们党对党员的基本要求。事实上，现行党章中的入党誓词并不是建党之初就已确定的，而是我们党在革命、建设、改革各时期的实践经验中不断总结提炼

贺页朵

出来的。每个阶段的入党誓词虽然文字表述略有不同，但对党的忠诚、对共产主义的追求是永恒不变的内容。

在井冈山革命博物馆里珍藏着一份入党誓词，也是现存最早的中国共产党入党誓词。这份誓词出自江西省永新县北田村的一位普通农民——贺页朵之手。风雨无迹，岁月留痕。这份誓词虽已字迹模糊，但80多年过去了，我们仍然能感受到贺页朵对党的赤诚之心。

贺页朵1886年出生于江西永新县才丰乡北田村的一个贫苦农民家庭。1927年，毛泽东率领秋收起义部队来到井冈山，开展了轰轰烈烈的农民运动。41岁的贺页朵满腔热情、义无反顾地投身其中，并且担任了乡农协会的副主席。贺页朵把自己的榨油坊作为红军联络点，建立了地下秘密交通站，负责收集和传递情报。由于工作中表现出色，永新县东南特区党委决定吸收他入党。1931年1月25日，贺页朵的入党宣誓仪式就在他的榨油坊里举行。

对于贺页朵来说，那是一个极不平常的夜晚，在桐油灯微弱的光照下，他拿出早已准备好的一块红布，在上方端端正正地写下了中国共产党的英文缩写“CCP”三个字母，然后在布的中间

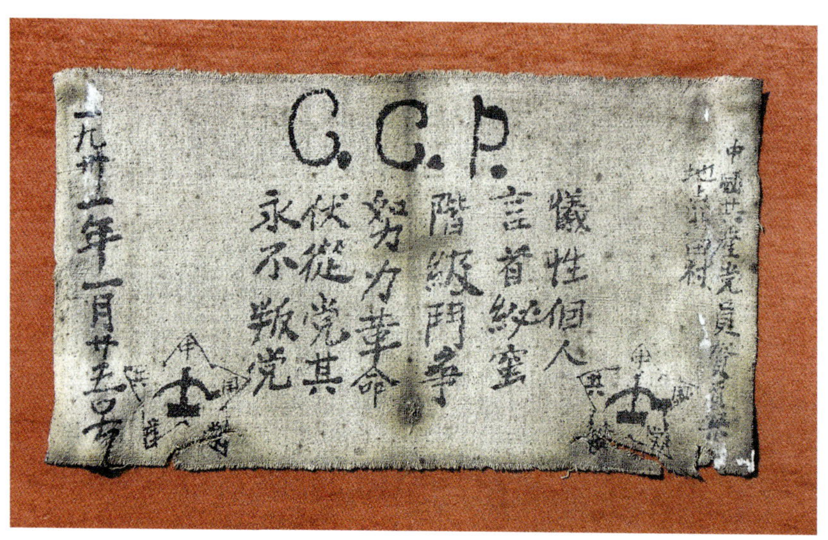

贺页朵保存的入党誓词

竖着写下了这段入党誓词。虽然贺页朵文化水平不高，二十四个字中就有六个错别字，但他对党的忠诚却是不带一点杂质的。写完誓言，他又在布的下方两角各画了一个五角星，五角星的中心是由镰刀和斧头组成的党徽，五个角上分别写上“中国共产党”五个字。随后，他自豪地在右边空白处写上了自己的姓名和入党地点：中国共产党员贺页朵，地点北田村。

在当时白色恐怖的黑暗年代，贺页朵把名字、地点写在入党誓词上是冒着极大危险的，一旦身份暴露，他就会被砍头甚至还会危及全家人的生命安全，可他却毫不犹豫。字体虽笨拙，但字里行间透射出的却是这位农民党员对党朴素的阶级感情和坚定的革命信念！

最后，在入党介绍人的领誓下，贺页朵举起右手，向党庄严宣誓。

从此，这六句誓言就成了他人生的座右铭。无论斗争多么残酷，环境多么险恶，这位普通的农民党员始终勇敢地站在斗争第一线，用实际行动践行着自己的入党誓言，用一腔热血守护着这块血与火铸就的红布。

1934年红军主力长征后，贺页朵身负重伤，留在永新坚持斗争，后来在国民党的白色恐怖下与党组织失去了联系。在以后漫长的岁月里，他冒着生命危险将这块写有入党誓词的红布用油纸包好，藏在榨油坊的屋檐下。每当夜深人静的时候，他就取下来反复地看，默默地诵读，从中汲取革命斗争的力量。这份入党誓词对贺页朵而言就像一盏明灯，照亮了他前行的路，照亮了他头顶上的黑暗。贺页朵正是通过这种特殊的方式锤炼了党性，加强了修养，提升了境界，为后人树立了“不忘初心”的典范。

雄鸡一唱天下白，中华人民共和国后，中央派慰问团到南方老革命根据地慰问，这份珍贵的入党誓词终于公之于众。

历史小百科

入党誓词的演变

中国共产党的入党誓词的演变经历了五个阶段。一是建党时期，这一时期强调阶级斗争和对党忠诚。二是抗日战争时期，这一时期不再强调“阶级斗争”，而是强调“要作群众的模范”和“对党有信心”。三是解放战争时期，这一时期的誓词更加强调共产党坚持走群众路线，密切联系群众。四是中华人民共和国成立后的誓词，强调“学习马列主义、毛泽东思想”和“积极工作，精通业务”。五是党的十二大以来，经历了“文化大革命”的严重挫折后，1982年9月6日，新的入党誓词正式载入《中国共产党章程》，使誓词具有了党规党纪的性质。新的誓词首次提出党员应“履行党员义务”，强调“为共产主义事业奋斗终身”。

蓄须立志的王尔琢

得到胜利方始休

与孝无关的蓄须人

“身体发肤，受之父母，不敢毁伤，孝之始也。立身行道，扬名后世，以显父母，孝之终也。”这是《孝经·开宗明义》中的一段话。意思是说，我们的身体、毛发、皮肤是父母给我们的，不敢使之受到损伤，这是行孝的开始。修养自身，推行道义，扬名后世来显耀父母，这是孝的终了，是完满的、理想的孝行。井冈山斗争时期，有一位红军将领立志蓄须，然而，他的举动却与行孝尽孝无关，这个人是谁呢？

在井冈山斗争时期，有一位骁勇善战、矢志不渝，堪称楷模的红军参谋长，名叫王尔琢。

1903 年，王尔琢出生于湖南省石门县的一户小康人家。1924 年春，黄埔军校到湖南招生，王尔琢得知消息后，告别新婚妻子，到长沙参加初试，主考官何叔衡对王尔琢赞赏有加。随后，王尔琢到上海参加复试，主持复试的是毛泽东。毛泽东鼓励比自己小十岁的王尔琢再接再厉，一定要通过正考。

王尔琢

1924年5月，王尔琢以优异成绩考入黄埔军校第一期，与徐向前、陈赓成为同班同学。在校期间王尔琢表现非常优秀，担任了学生队分队长。时任黄埔军校政治部主任的周恩来对王尔琢非常欣赏。1924年年底，在周恩来的介绍下，王尔琢加入中国共产党。

黄埔军校一期毕业之后，王尔琢并没有离开学校，而是继续担任黄埔军校第二期、第三期学生队分队长和党代表职务。此后，他还参加过平定广州商团叛乱、讨伐军阀陈炯明的两次东征。

1926年夏，国民革命军第三军第三师改编为北伐军东路先遣军，王尔琢被委任为东路先遣军党代表，参加北伐战争。在三次攻打南昌的战役中王尔琢奋勇杀敌，屡建奇功。

王尔琢出色的军事才能引起了蒋介石的注意，为拉拢王尔琢，蒋介石派亲信找到王尔琢，许以军长一职，王尔琢一口拒绝。

1927年4月，“四一二”反革命政变后，蒋介石密令第三师师长李明扬逮捕部队中的共产党人。李明扬偷偷将消息告诉政治部主任王尔琢，王尔琢当机立断，通知第三师所有党员离开。

4月底，王尔琢到达上海，找到周恩来。5月下旬，两人一起到达武汉。之后，王尔琢写信给脱离第三师的共产党员，通知他们到武汉集中，分别安排在我党掌握的中央军事政治学校和武汉国民政府警卫团工作。

7 月，受党组织派遣，王尔琢来到江西九江，担任张发奎第四军第二十五师七十四团参谋长。

8 月 1 日凌晨 2 时，南昌起义爆发。起义军南下失败后，部队面临瓦解溃散风险，南昌起义的火种眼看就要熄灭。王尔琢坚决支持朱德、陈毅，与朱德、陈毅等率部转战闽粤赣湘边，坚持武装斗争。1928 年 1 月，王尔琢参与领导湘南起义，任工农革命军第一师参谋长。同年 4 月，工农革命军第一师与湘南各县的农军向井冈山转移。4 月下旬，工农革命军第一师在江西宁冈县砻市（今龙市镇）与毛泽东领导的湘赣边秋收起义部队会师，成立工农革命军第四军（后改称红军第四军），王尔琢任参谋长兼第二十八团团长。其间，他蓄须明志：革命不成功，坚决不剃须！毛泽东曾指着王尔琢对时任中共湖南省委特派员杜修经说："别看他长发长胡，可他还是个 20 刚出头的英俊小伙子呢。"

5 月中旬，国民党军五个团对井冈山革命根据地发动第三次"进剿"。王尔琢率第二十八团和第三十一团一个营奔袭永新，在草市坳与敌一个团遭遇，经过两个小时的激战，全歼敌军。然后一鼓作气攻进永新，再歼国民党军一个师部，击伤师长杨如轩。6 月下旬，国民党军又调集五个团，以第九师师长杨池生为总指挥，对井冈山革命根据地进行第四次"进剿"，在占领永新后，以主力三个团分左右两路进犯宁冈。王尔琢率第二十八团向进占老七溪岭制高点的国民党军右路两个团发起猛攻，将其击溃。随即直插龙源口，切断了左路国民党军的退路，并协同第二十九团等部将敌一个团歼灭于龙源口地区。王尔琢率第二十八团英勇作战，为保卫和发展井冈山革命根据地作出了重大贡献。

8月中旬，王尔琢率第二十八团由湘南地区回师井冈山。25日，担任前卫第二营营长的袁崇全，胁迫、欺骗一个步兵连和一个迫击炮连叛逃。王尔琢闻讯后立即率警卫排追赶。当追至江西崇义思顺圩时，王尔琢努力做叛逃官兵的工作。两个连的官兵又回到了革命队伍中，而王尔琢却被袁崇全开枪射中，英勇牺牲。年仅25岁的他，牺牲在叛徒枪下时，仍是一捧长髯飘扬胸前。

1928年10月中旬，在为王尔琢举行的追悼会上，毛泽东、朱德高度评价了王尔琢为革命所作的贡献。会场上悬挂着由毛泽东拟稿、陈毅书写的挽联："一哭尔琢，二哭尔琢，尔琢今已矣！

位于江西崇义思顺的王尔琢烈士墓

留却重任谁承受？生为阶级，死为阶级，阶级后如何？得到胜利方始休！”

人物档案

红军骁将王尔琢

蓄须立志，表明了王尔琢拥有视死如归的革命气节与崇高的品格，正如一首诗所赞：“一夜风云变，上海大屠杀。尔琢拔刀起，血誓效讨伐。革命不成功，此生不理发。新婚方五月，大义割柔肠。致书慈父母，泪落沾衣裳。为救工农苦，不能侍羹汤。南昌首义后，转战上井冈。指挥主力团，威震赣与湘。三战丧敌胆，活捉两只‘羊’。红旗闪耀处，须发自堂堂。崇义追叛徒，桂花落地黄。英年二十五，天地为悲伤。”

注：两只“羊”，“羊”取“杨”的谐音，指国民党赣军第九师师长杨池生、二十七师师长杨如轩。

碧血丹心刘仁堪

革命成功万岁

“仁为革命有功，堪称烈士永存”

忠诚是珍贵的政治品质，对党忠诚是共产党人的首要政治品格和政治生命线。刘仁堪一生坚守共产党人的理想信念，视死如归、不畏强暴、意志坚定，体现了一名共产党员的铁血担当。

1895年，刘仁堪出生在江西省莲花县浯塘村的一个中医世家。为秉承祖业，少年刘仁堪立志做一名悬壶济世的郎中。

浯塘村有个刘启沛，与刘仁堪是本家堂兄弟，家境殷实。刘启沛幼时曾与刘仁堪在同一私塾读书。父亲去世时，因家境贫寒，刘仁堪到刘启沛家借谷葬父，不仅遭到拒绝，还受了一顿奚落。

父亲去世后，家庭生活更加贫困，为了养家糊口，刘仁堪只好到长沙做搬运工。当时，在长沙做搬运工的贫苦青年很多，刘仁堪身体瘦弱，干活儿十分吃力，经常得到穷兄弟们的帮助。因为他上过学，能读会写，穷兄弟们要写信回家都找他代笔。共同的劳动生活，使刘仁堪深切感受到穷苦大众团结的力量。当时，湖南的工农运动轰轰烈烈地开展起来了，长沙各行各业都组织了工会，刘仁堪积极投身到工人运动中，并成为基层骨干分子，经常来往于长沙、常德之间，担任秘密交通员。在同资本家的斗争中，刘仁堪大开眼界，提高了阶级觉悟。他接触的工会领导人中不少是共产党员。由于革命坚决，斗争勇敢，1925 年年底，刘仁堪加入了中国共产党，成为一名光荣的共产党员。从此，他把自己的一切都献给了劳苦大众的解放事业。

1926 年春，受党组织的指示，刘仁堪回到家乡，以行医、教书为掩护秘密组织农会，宣传革命道理，开展农民运动。那时，刘启沛已是浯塘一带的大豪绅，后来担任国民党县党部秘书。为了揭露他压迫、剥削乡民的罪行，刘仁堪组织乡里青年编演了《寄生虫》《横无理》等文明戏，并亲自主演，极受群众欢迎。刘启沛恼羞成怒，以武力禁演，遭到农民反对。在北伐革命的鼓舞下，莲花县的工农运动蓬勃兴起。浯塘一带的农会工作在刘仁堪的领导下开展得非常出色。1927 年春，莲花县各区乡均成立了农民协会，会员有 3 万余人。不久，刘仁堪被调到县城担任清乡委员会负责人，领导农会干部清算土豪劣绅经营的祠堂庙宇公产。莲花县地处偏僻，封建势力顽固，刘仁堪不畏强暴，经常在土豪劣绅的围攻中挺身而出，为贫苦农民说话，受到群众的拥戴。

1927 年“四一二”反革命政变后，白色恐怖笼罩莲花县。以李成荫为代表的莲花县反动豪绅从外地组织“难民团”窜回莲花县城，疯狂镇压革命人士。血雨腥风遍及全县城乡。刘仁堪随党组织迁往上西区坚持斗争。

1927年9月，毛泽东率领秋收起义部队到达莲花县。自“马日事变”被反动派通缉，一直躲在湘赣边界山中打游击的刘仁堪、朱义祖等同志连夜赶到县城，与工农革命军会合，并参加了毛泽东主持召开的会议。

刘仁堪听说毛泽东要带部队上井冈山，便主动说：“毛委员，我是莲花本地人，对永新、宁冈一带的地形比较熟悉，就让我随部队行动吧。”

毛泽东征求了莲花县党组织其他同志的意见后说：“好吧。我们也需要培养一批地方干部，刘仁堪和朱义祖两位莲花的同志，先随军行动，为部队作向导，上山以后就到军官训练班去学习，回来后好重新打开湘赣边界斗争的局面。”

此后，按照湘赣边界特委以及毛泽东的指示，刘仁堪领导莲花县工农群众开展了轰轰烈烈的土地革命，并在全县普遍成立了工农兵政府和党的组织，同时还拥有了自己独立的武装。1928年6月底，莲花县苏维埃政府成立，刘仁堪当选为第一任县苏维埃政府主席。

1928年9月间，湘赣边界局势突然恶化，莲花县城被敌人占领，县委及苏维埃政府被迫迁往山区坚持斗争。11月，因前任调离莲花，刘仁堪接任县委书记。由于当时形势严峻，多地党组织均转入地下活动，很难集中一处，刘仁堪便采取巡视的办法坚持工作。一天，

油画《刘仁堪英勇就义》

刘仁堪同县委妇运部长颜清珍去南村坳背村检查工作，被叛徒告密，不幸被捕。

莲花国民党政府县长邹兆衡听说抓住了共产党的县委书记刘仁堪，欣喜若狂，跑到监狱亲自给刘仁堪松绑，企图诱降，并要他交出全县共产党的组织和人员名单，交出独立团的枪支弹药，刘仁堪没有答应。气急败坏的邹兆衡对刘仁堪百般折磨。

1929 年 5 月 19 日，在莲花县城南的大洲上，敌人准备将刘仁堪砍头示众。刘仁堪见刑场有群众围观，便高声向群众喊话，揭露反动派的罪行，宣传革命必胜的道理。凶残的敌人割去了刘仁堪的舌头，刘仁堪不能讲话，嘴里的鲜血流到地上。他便用脚趾头蘸着鲜血写下了“革命成功万岁”六个大字，显示了共产党人英勇不屈的英雄气概。

刘仁堪牺牲了，但他的英雄事迹和浩然正气永远鼓舞着人们在革命道路上奋勇前进。

历史小百科

革命老区莲花

莲花是一个有着光荣革命传统的地方，是井冈山革命根据地和湘赣革命根据地的重要组成部分，是毛泽东引兵井冈山的决策地。毛泽东、朱德、彭德怀、陈毅等老一辈无产阶级革命家曾在此留下了光辉的足迹。莲花为中国革命作出过巨大牺牲和贡献，全县数千优秀儿女为新中国诞生献出了宝贵的生命，全县在册革命烈士 3481 人，开国将军 13 名。

黄克诚千里找党

追随共产党是他矢志不渝的信念

他的信念，就是永远追随党

无产阶级革命家、军事家黄克诚，在“文化大革命”中曾被关押审查达 8 年之久，理由是黄克诚是“假”共产党员。对此，黄克诚哭笑不得地说：“我在党领导下参加武装斗争，出生入死，已经超过 40 年，怎么会是‘假’的呢？”为此，他向审查组讲述了自己当年入党和在白色恐怖下时近半年、奔波数千里的找党经历。

1902 年 10 月 1 日，黄克诚出生于湖南省永兴县一个贫苦农民家庭。1925 年 10 月，在湖南衡阳省立第三师范读书的黄克诚加入了中国共产党，成为一名光荣的共产党员。1926 年参加北伐战争。1928 年在湘南起义中参与领导永兴年关暴动，并于当年 4 月下旬率领永兴独立团随朱德上了井冈山，后与毛泽东部胜利会师。工农革命军第四军成立后，永兴独立团编为十二师三十五团，

湖南省永新县人民公园中的黄克诚将军雕像

黄克诚任团长。

朱毛会师后不久，敌人对井冈山发动了第二次“进剿”。黄克诚所在的部队在井冈山下的黄坳与敌军先头部队一个营打了一仗，虽然装备很差，却取得了胜利。

在井冈山驻守了1个月左右后，由于这里地狭人多，给养供应不上，红四军军委作出决定，湘南耒阳、永兴、郴县、资县四个县的农军编成四路游击队，返回湘南各县坚持斗争。这样，黄克诚带领三十五团回到了老家永兴。

三十五团因为组建不久，组织纪律观念不强，回到湘南不久便被打散了，最后只剩下了黄克诚和李卜成两个人。

当时的湘南地区一片血雨腥风，黄克诚的名字也上了敌人悬赏捕杀的黑名单，他们只得整天躲在山上。本来还打算寻找当地保存下来的革命力量，以便重新开展工作，但是经过两个月的潜伏，他们了解到的情况是，永兴县 3000 多人被杀害，少数隐蔽下来的同志也不敢出来活动，湘南特委杳无音信。

虽然环境恶劣到了极点，但是黄克诚仍然没有气馁。1928 年 10 月，黄克诚和李卜成踏上了寻找上级党组织的迢迢路程。

他们首先取道衡阳、长沙到了武汉。当时武汉的革命形势也很严峻，三四天过去了，他们一无所获。由于手头上的钱不多了，黄克诚与李卜成商量，先到南京去看看再说。

于是，两人买了船票，经过三天两夜的航程到了南京，在下关一个比较偏僻的巷子里找了一家旧式旅馆住下来。黄克诚后来回忆说："巧得很，我们在这里与曾希圣不期而遇。曾希圣是我在衡阳读书时的同学，后来又一起进入广州政治讲习班。他比我们早来几天，也是为了寻找党的关系，但至今没有找到。"

黄克诚和李卜成因家里穷，离开永兴时身上没带多少钱。他们一边打听党组织的消息，一边了解是否有同乡好友在南京，以求得经济上的帮助。过了几天，他们打听到有个叫曹日晖的永兴同乡，又是衡阳读书时的同学，而且关系不错，现在是国民党军队中的团级军官，在南京有公馆，他们便决定去找他帮忙。谁知一见面，曹日晖就十分惊愕地说："你们好大的胆子！竟也到南京来！这里同乡人很多，正在到处通缉你们。前不久曹福昌逃到南京，当即被人告发，枪毙了。你们赶快离开！”李卜成要求他接济点路费，曹日晖不肯，转而介绍他们去找另一个同乡、同学刘乙光。刘乙光曾在北伐军中做政治工作，大革命失败后，他逃到武汉，黄克诚帮助过他。此时的刘乙光在国民党中央军校做事。黄克诚、李卜成找到他后，他不忘旧情，说过几天他要到上海公干，可以把他们带上，这样安全些。刘乙光一身国民党军装，又有证件，带着他们一路顺利来到上海。住下后，刘乙光说，他每月会给他们寄生活费来。

上海是当时中共中央所在地，但由于白色恐怖严重，党的活动不得不在极其隐蔽的状态下进行。黄克诚和李卜成是第一次来上海，人生地不熟，身上钱又很少，不敢住旅馆。他们白天在大街上晃悠，希望能遇见熟悉的同志，晚上就在一个小店里租一张床位过夜。这样过了一个多月，也没有同党组织接上关系。此时刘乙光也失业了，无法继续给他们寄生活费，便介绍他们去找一个在上海复旦大学当军训教官的永兴同乡、黄埔军校同学厉良圭求助，结果找到后，厉良圭给了他们3块钱，就再也不理会他们了。黄克诚在《自述》中写道：“这期间，我们尝到了厚着脸求人告助的难堪滋味。”

黄克诚和李卜成商量，要先想法找个职业谋生，再相机寻找党的关系。可是，当时上海经济萧条，失业者众多，他们两个外来人几乎跑遍了上海所有的佣工行，答复都是“男工一概不招”。黄克诚后来回忆说：“人到了走投无路的时候，真是连稻草也要抓。”他们偶然听说湖南衡阳人聂云台在上海办了一家纺织厂，就给他写信，希望到他的纺织厂里做工。结果，信发出后如石沉大海，杳无音信。

正当两人走投无路的时候，黄克诚在一张报纸上看到了他的老上级凌兆兴在国民革命军第三十五师一五八旅当旅长并驻防在唐山的消息。于是，他立即给凌兆兴写了一封信，介绍了自己在上海的情况。凌兆兴很快回了信，并随信寄来 20 块钱。就是这 20 块钱，使黄克诚两人得以绝处逢生，渡过了最困难的关头。

而就在这个时候，一个更大的喜讯在等待着黄克诚两人。1929 年 1 月间，曾希圣由南京来到上海，找到黄克诚和李卜成，并告诉他们，他找到了在上海中央军委工作的哥哥曾钟圣，接上组织关系了。黄克诚和李卜成按捺不住心中的激动，当即给中央写报告请求恢复组织关系。党中央经过调查证实后，很快承认了黄克诚两人的组织关系，还派人送来了生活费用。

在白色恐怖下，黄克诚、李卜成辗转五六个城市，奔波数千公里，历时近半年，尝尽了旧社会的世态炎凉，终于找到了党组织。此后，黄克诚受中央军委的派遣，到唐山凌兆兴部开展地下工作，李卜成则留在上海工作。自此之后，黄克诚一直与上级党组织保持着密切的联系，再也没有中断过。

黄克诚将军一生坎坷曲折，早年，在风雨如磐的年月，他几经周折，加入了党组织。入党以后，由于斗争环境的残酷，他几次与党组织失去了联系，但他没有消沉，而是想方设法，多方寻找，最后靠着顽强的毅力和对党、对革命始终不渝的信念，重新找到党的组织。从他的这些不平凡经历中可以看出这位无产阶级革命家对于党的忠诚，对于理想信念的坚守。

历史小百科

湘南起义

湘南起义是朱德、陈毅和中共湘南特委在湘南地区组织发动的一次大规模武装起义。起义由宜章年关暴动揭开序幕，历时3个多月，先后建立了耒阳、永兴等8个县苏维埃政府，组建了3个农军师和2个独立团，开展了轰轰烈烈的土地革命运动，革命风暴遍及20多个县，近100万人参加，呈现了“红旗漫卷南天乱，湘南这边红一片”的革命局面。后来，在湘粤军阀重兵“会剿”的不利形势下，朱德、陈毅率湘南起义部队主动撤离，在毛泽东率领的秋收起义部队的接应下，在酃县（今炎陵县）实现两军会合，旋即朱毛部队会师井冈山，创建工农革命军第四军。

第二部分

实事求是闯新路

——坚持真理助发展

实事求是、敢闯新路是井冈山精神的核心。

1927 年 10 月，当中国革命陷入低潮，全国各地按照苏俄模式举行的武装暴动纷纷遭致失利的生死存亡关头，毛泽东同志毅然将革命的工作重心由城市转向农村，把马列主义的普遍原理与中国革命的实际相结合，根据中国的国情，实事求是地在世界无产阶级革命运动中探索出“中国模式”，最终找到了“农村包围城市、武装夺取政权”的具有中国特色的革命道路，取得了革命的成功。

历史告诉我们，改革创新是一个民族、国家发展的不竭动力，是实现国家富强、民族振兴和人民幸福的决定性因素。革命如此，建设和改革也如此，都必须从实际出发，敢于开辟前人没有走过的路，自觉发扬实事求是闯新路的精神，善于用改革的思路和办法解决前进中的各种问题，我们的事业才能继往开来、薪火相传、与时俱进，中华民族才能永远立于不败之地。

文家市转兵

由失败走向胜利的重要转折点

实事求是闯新路

秋收起义失利，工农革命军处于敌强我弱的不利局势，毛泽东同志审时度势、敢闯新路，在文家市果断实行转兵，最先开始了中国革命工作重心的转移，这是毛泽东同志探索具有中国特色的革命道路——“农村包围城市、武装夺取政权”道路的光辉起点，充分体现了他不唯书、不唯上、只唯实的求真务实精神。

1927 年 7 月，国共合作的大革命以国民党右派的叛变而宣告失败。8 月 7 日，中共中央在湖北汉口召开紧急会议，史称“八七会议”。会议批判和纠正了陈独秀的右倾机会主义错误，确定了开展土地革命和武装反抗国民党反动派的总方针，决定举行秋收暴动。毛泽东出席会议并在会上提出了“枪杆子里面出政权”的著名论断。会议选出了新的中央临时政治局，毛泽东当选为中央临时政治局候补委员。之后毛泽东以中共中央特派员身份回到湖南，领导发动秋收起义。起义部队共有 3 个团，约 5000 人，毛泽东任前敌委员会书记。

1927 年 9 月 9 日，秋收起义爆发。作为这次起义的最高领导人，毛泽东从此开始了领导中国革命武装斗争的军事生涯。工农革命军分别从江西的修水、安源、铜鼓出发，取道湖南浏阳、平江，分两路进攻长沙。

然而起义的道路走得很不顺利。

第一团从江西修水出发，向长寿街进攻，第二天就攻下了平江县的龙门，可谓初战告捷。不料，起义前刚刚收编的邱国轩部叛变。在第一团路过金坪时，邱国轩部对第一团发动了突袭，致使第一团两面受敌，损失惨重。为保存实力，总指挥卢德铭反对硬拼，当即组织力量掩护，然后带领被打散的队伍向浏阳一带转移。

第二团 9 月 10 日在安源起义后，兵分两路进攻萍乡未克，在决定取道株洲进攻长沙时，遇敌包围，遂攻占浏阳。在浏阳遭强敌围攻，由于部队麻痹轻敌，9 月 16 日陷入敌人的包围，部队被打散，只有部分突围脱险，团长王新亚失踪。

相比其他两个团，第三团较为顺利。9 月 11 日，毛泽东亲自率领第三团从铜鼓出发，向浏阳白沙挺进，在取得白沙战斗胜利后又占领东门市，但 9 月 14 日遭到唐生智部 3 个团的围攻。毛泽东见敌我力量悬殊，为保存实力，命令部队向浏阳上坪转移。

至此，秋收起义部队三路人马均在进攻长沙途中受挫。

根据当时的形势和部队遇到的实际困难，毛泽东当机立断改

文家市会议旧址

变了攻打长沙的计划，在浏阳上坪召开紧急会议，决定放弃进攻长沙的计划，改到浏阳文家市会合，以决定部队下一步的行动方向。此时，部队仅有 1500 余人。

9 月 19 日晚，毛泽东在浏阳文家市里仁学校主持召开了前委扩大会议，就部队今后的行动方向问题展开了讨论。

但是在这次会议上，师长余洒度仍然坚持“取浏阳直攻长沙”的意见，认为不打长沙就没有出路。毛泽东坚决反对再打长沙，主张根据实际情况将部队转向敌人势力相对薄弱的山区和农村。就在意见相持不下时，秋收起义总指挥卢德铭经过认真思考，坚

里仁学校

决支持毛泽东改变攻打长沙的作战计划及向罗霄山脉中段进军的正确主张，认为再攻长沙就有全军覆没的危险。卢德铭的一番话，对于会议统一思想起了重要作用。经过激烈的争论和毛泽东的耐心说服，会议决定暂时放弃攻打长沙的计划，沿湘赣边界向南前进，这为后续革命蓄积了有生力量，为新的革命高潮来临奠定了基础，同时也开始了探索中国特色革命道路的新征程。

第二天，工农革命军在里仁学校操场集合，毛泽东宣布了前委扩大会议关于不打长沙而转兵向南的决定，并对部队讲话。他说，中国目前政治不统一，经济发展不平衡，我们要找敌人统治力量薄弱的地方建立根据地。随后，毛泽东与卢德铭等人率领部队从文家市出发，沿罗霄山脉南下萍乡方向，向敌人统治势力比较薄弱、远离大中城市的罗霄山脉中段实行战略转移。此后，工农革命军进军井冈山，建立了第一个农村革命根据地，点燃了“农村包围城市、武装夺取政权”的星星之火，实现了中国革命工作重心的转移。

历史小百科

何长工回忆文家市会议

2017 年 9 月 19 日，毛泽东率领受挫的秋收起义部队赶到浏阳文家市集中，当晚，毛泽东在里仁学校召开了一个重要会议。会议一开始就出现了不同意见，分歧集中表现在“攻”与“退”的问题上。

何长工回忆说：“……会开了一整夜，争论很激烈。余洒度等人坚持打长沙，他认为不打长沙就没有出路。毛泽东同志不同意，他坚决反对打长沙，主张将部队转向山区和农村。他分析了形势后说，情况变了，我们的计划也要变，不变就要吃亏。他从学校借来一张地图，指着罗霄山脉中段说：‘我们要到这眉毛画得最浓的地方去当‘山大王’……”卢德铭同志坚决拥护毛委员的主张，他说：“毛委员讲得对。现在交通要道的城市不是我们占领的地方，如果攻打长沙，就有全军覆灭的危险。”

经过激烈的争论，毛泽东的战略退却意见得到了卢德铭等多数前委委员的支持，会议最后以前敌委员会决议的形式，作出了“向萍乡退却”的正确决定。

朱德"赣南三整"

力挽狂澜于既倒

创建新型军队的最初尝试

为了巩固部队，保存革命火种，在向赣南转移途中，朱德对部队适时地进行了三次整顿，分别针对部队的思想、编制和训练进行了整顿、整编和整训。部队的精神面貌焕然一新，一支濒临溃散的部队被凝聚起来，成为一支党领导的新型人民军队。

"赣南三整"是指朱德、陈毅率领的南昌起义军余部在江西南部山区进行的三次整顿，即天心圩整顿、大庾整编、上堡整训。

南昌起义军南下广东，在潮汕失利后，一部分主力去了海陆丰，朱德率领的余部在三河坝经过三昼夜激战，也遭受了重大的损失。为了避免部队更大的伤亡，保存革命力量，朱德率部于1927年10月3日撤出战斗，准备与主力会合。部队赶到饶平以北的茂芝后，得知起义军在潮汕作战失败的消息，起义军官兵思想混乱、不知所措，甚至流露出散伙、另谋出路的想法。关键时刻，朱德挺身而出，担当起历史赋予的重任，召开干部会议，讨论了革命形势和起义军的去向问题。他根据大家的意见，作出了“隐蔽北上，穿山西进，直奔湘南”的战略决策，决定到敌人力量薄弱、农民运动基础较好的湘粤赣边界地区寻找落脚点。在向赣南进军途中，朱德为了巩固这支部队，保存革命火种，于 1927 年 10 月初至 11 月下旬，先后进行了三次整顿。

天心圩整顿是 1927 年 10 月中旬在江西安远县天心圩进行的。这次整顿主要通过思想教育，稳定部队情绪，鼓舞革命斗志，坚

天心圩整顿旧址

定胜利信心。在天心圩的军人大会上，朱德非常严肃地指出：“大家知道，大革命是失败了，我们的起义也失败了！但是我们还要革命的。同志们，要革命的跟我走，不革命的可以回家，不勉强！”“但是，大家要把革命的前途看清楚。1927 年的中国革命，好比 1905 年的俄国革命。俄国在 1905 年革命失败后，是黑暗的，但黑暗是暂时的，到了 1917 年，革命终于成功了。中国革命现在失败了，也是黑暗的，但黑暗也是暂时的。中国也会有个‘1917 年’的。只要能保存实力，革命就有办法，你们应该相信这一点。”

朱德在这次动员会上足足讲了一个多小时，他精辟地剖析了当时的政治形势，描绘了革命必然要继续向前发展的光明前景，使同志们在黑暗中看到了光明，增强了胜利的信心。

大庾整编是 1927 年 10 月底在赣粤边境的大庾进行的。首先整顿了党团组织，加强党的领导。南昌起义虽然开始了我们党独立领导军队的新时期，然而，当时的这支部队只是在上层领导机关和军官中有少数党员，在士兵中，除了少数连队，一般连队中还没有党员和团员。因此，党的工作不能深入到基层士兵中去。这次整顿重新登记了党员和团员，调整了党、团组织，成立了党支部，加强了党在基层的工作。这是对这支部队的建设具有重大意义的一个措施。其次是对部队进行了整编。把部队整编为一个纵队，由朱德任纵队司令，陈毅任纵队指导员（即党代表），王尔琢任纵队参谋长。经过整编，部队面貌焕然一新，形成了一个比较稳固的战斗集体。这时，虽然只有七八百人，但这是大浪淘

大庾整编旧址

沙保留下来的精华，是不灭的火种。

上堡整训是1927年11月初在江西崇义县上堡乡上堡村进行的，主要是整顿纪律和实施军事训练。朱德、陈毅一直很重视部队的纪律，并告诫大家："我们是共产党的队伍，没有纪律是不能生存的。"当时明确规定募款和缴获的物资全部归公，设立没收委员会，专管没收和处理缴获财物，并对部队官兵普遍地进行了自觉遵守纪律的教育。

在上堡整训时，朱德还狠抓了军事训练，起义军开始由攻占大城市的武装暴动，向深入农村，发动群众，打土豪、分田地转变，由正规战逐步向游击战转变。

在"赣南三整"中，把思想教育、组织整顿、军事训练三

上堡整训旧址

者结合起来，这是朱德的独创，不仅对人民军队的巩固与发展起了重要作用，而且还为以后的整党、整军提供了可以借鉴的宝贵经验。

“赣南三整”是朱德、陈毅带领的南昌起义部队向井冈山转移过程中对党的建设、军队建设的一次成功探索，体现了共产党人能从当时所处的环境出发，敢于开辟前人没有走过的路。我们今天的改革开放，也是在开辟着前人所没有走过的路。这要求我们，要始终保持与时俱进、开拓创新的精神状态，创造性地开展工作。

历史小百科

三河坝战役

八一南昌起义后，国民党反动派调兵遣将“讨伐”起义军。起义部队主动撤离南昌，南下广东。1927年9月18日，起义部队进抵广东大埔县城。9月20日，前委根据形势发展作出了分兵部署：周恩来、贺龙等率领主力向潮汕进发；第九军军长朱德率领第十一军二十五师和第九军教导团共3000多人，据守三河坝，掩护主力南下。

国民党军钱大钧部约2万余人，由今梅州市梅县区松口扑向三河坝。朱德和二十五师师长周士第、党代表李硕勋指挥了这场阻击战。

起义部队在敌众我寡的情况下，浴血奋战三昼夜，完成掩护任务后有序转移，保存了革命力量，也为中国革命保留了宝贵火种。

毛泽东“铜鼓脱险”

逢凶化吉举义旗

毛泽东的机智

1927 年 9 月，毛泽东在安源张家湾召开部署湘赣边界秋收起义的军事会议后，赶赴铜鼓组建军队，指挥作战。不料，在浏阳与铜鼓交界的地方滲入敌手。随后，他机智逃脱。这是毛泽东一生中唯一一次被捕。这次成功脱险，一方面是毛泽东利用了国民党武装力量的特点和弱点，另一方面是与铜鼓人民的帮助是分不开的。

八七会议结束后，毛泽东以中共中央特派员的身份返回湖南，领导发动湘赣边界秋收起义。

参加这次起义的有 3 个团，毛泽东负责领导第三团的起义。第三团驻扎在江西省西北部的铜鼓县，毛泽东是从江西西部的萍乡安源出发前往铜鼓的。从安源到铜鼓，要是走大路，3 天可以到达。为了安全起见，毛泽东等人乔装安源煤矿采购员，选择走小路，经湘东南再返回赣西北。行至湖南浏阳县与江西铜鼓县交界的何家坊时，毛泽东被地主武装团防队抓住了，同时被抓的还有中共浏阳县委书记潘心源和易子义、刘建中等几个干部。团防队要把毛泽东他们押到团防局去杀头。要是真的到了团防局，他们的头目就可以得到一大笔奖金。因为秋收起义爆发后，国民党反动派当局立即通令各军："如获毛逆者，赏洋五千元。"毛泽东边走边想，觉得必须设法逃脱，自己生死事小，影响秋收起义的举行事可就大了。

毛泽东口袋里有几十块钱，他想用钱贿赂团丁放自己走。团丁见钱眼开，答应想办法把毛泽东放走。山区的路都是羊肠小道，不能平排步行，先前被团丁抓住的一些人被捆成一串走在前面，毛泽东等人因为有安源煤矿的证照，没有被捆绑，他故意放慢脚步，走在后面。行至一个拐弯处，走在前头的看不见后头，而路边是稻田，另一边是杂草丛生的山林，易于躲避。毛泽东见时机成熟，从口袋里掏出几块钱塞给团丁。团丁接过钱迅速放进贴身的衣袋里。毛泽东赶紧朝山林跑去。过了一会儿，直到看不见毛泽东的身影了，那个团丁才喊，"不好了，跑了一个，跑了一个！"全队团丁吆喝着向前追捕。毛泽东立即躲进一口水塘边的芦苇丛中藏了起来。

井冈山红色歌谣

井冈山头连青天，
汪洋大海不见边。
比起恩人毛委员，
高山嫌低海嫌浅。

毛泽东机智脱险

1936年7月中旬，毛泽东在陕西保安县同美国记者斯诺谈起这件事情的时候讲得很详细。他说：南方的水塘到了秋天，蓄水量很少，但长有很深的杂草，他就躲藏在芦苇的深处。团丁在离他很近的路旁叫喊着，跑来跑去，可怎么也没有发现他。他心里很紧张，生怕有再次被捕的危险。

几个团丁草草搜了一会儿，没找到人，便向长官报告去了。直到敌人走远了，毛泽东才从水塘里爬了出来。毛泽东浑身上下都是泥水，鞋子也不知什么时候丢了。他没有到过铜鼓，不知道到县城的路，只得慢慢走下山。这时，他遇到一个打柴回家的村民。毛泽东向他说了情况后，村民就把他带到了山脚的月形湾的吴家祠堂，帮他买了一双草鞋，安排他的住宿和晚饭。第二天，那位村民把毛泽东送到进入铜鼓的边界。分手时，毛泽东问村民的姓名，可那位村民就是不告诉他。毛泽东上了井冈山后，派人找当地地下党组织打听到那位村民的情况，得知他的名字叫陈帷德。陈帷德后来参加了湘赣革命根据地的工作，毛泽东曾给他写过一封信，称其为“救命恩人”。

高滩村里不散摊

莲花决策指征程

信念是本

毛泽东在率秋收起义部队进军井冈山途中，遭遇了无数的困难和挫折，不但有敌人的围追堵截，还有内部一些人信念的动摇，这些都使这支屡受挫折的部队犹如行进在汹涌波涛中的一只小船，稍有不慎就有覆灭的可能。当部队在莲花高滩村又一次遭遇到这种困难时，毛泽东凭着对中国革命必胜的信念，带领大家又一次走出了困境，最终走向井冈山。

1927年9月20日，毛泽东率领参加湘赣边界秋收起义的部队从文家市出发，向湘赣边界的山区农村转移。25日清晨，部队行进到萍乡芦溪山口岩时，遭遇江西军阀朱培德部突然袭击，在掩护部队撤退时，总指挥卢德铭不幸中弹牺牲，工农革命军折损300多人，军需辎重丢失殆尽，粮食断绝，医药全无。一种浓烈的低迷气氛笼罩着这支遭到又一次惨重打击的工农革命武装。

卢德铭

部队决定从芦溪杂溪向莲花前进。杂溪到莲花必须翻越海拔 1200 多米的高山，途经高滩。沿途峰峦叠障，悬崖峭壁，山路崎岖。部队行进在绵延起伏的深山老林中，从芦溪到高滩的路上，部队中发生了多起逃队事件，逃走 120 多人。

部队发生的逃队现象，毛泽东看在眼里，忧在心中，内心极其不安。如何制止部队中的逃队现象，成了毛泽东思考的主要问题。毛泽东认为：在我们这支队伍里，革命的同志占大多数。要跑的毕竟是少数人，跑的是因为看不到革命的前途。因此，如何向大家指出光明的前景，做好官兵的说服教育工作，扫除悲观失望的情绪，稳定部队的思想，鼓舞工农革命军的士气，是一件迫在眉睫、刻不容缓的大事。

9 月 24 日，部队到达莲花县高滩村，毛泽东主持召开了行军会议。毛泽东对全体官兵说："打了败仗就逃跑，跑回家去，这不是好汉嘛。革命总是要受到这样那样的挫折，遇到这样那样的困难，因为敌人比我们的力量大得多嘛。正因为敌人力量强大，才需要我们去奋斗，奋斗就需要意志，什么样的意志？不怕受挫，愈挫愈勇！革命者的本色就在这里。我们一路上有一些人不打招呼地走了，留下我们这些同志。现在到了莲花的高滩，难道我们

莲花县高滩村

就要在高滩散摊吗？这是决不可能的！我们决不能在高滩散摊！我们的同志，不是在家里参加了农会的斗争，就是甘愿为工农作战的革命军人，都是经受了革命考验的，怎么会走到散摊的地步呢？现在我们到了莲花，与地方上党的同志接上了联系。有了地方党组织的支持，有了群众的支持，这就好办了。我们就像鱼儿到了水里，还有什么困难不能克服呢？”

井冈山红色歌谣

山雾重重天色沉，
送涯阿哥上征程；
革命道路要认准，
涯在家中也光荣。
哥哥当兵不要歪，
命令一到就开差；
前方杀敌要勇敢，
早日回转苏维埃。

注：涯，湘赣边界客家话，“我”的意思。

毛泽东一番动情而又坚定的话语扫除了部队的悲观情绪，坚定了官兵的革命信念。

在大革命时期，莲花县就建立了党的组织，开展了农会工作。大革命失败后，共产党员和革命群众都隐蔽了起来，看到秋收起义部队到来，党员、群众纷纷前来迎接革命队伍，他们忙着杀猪、捞鱼，为部队接风。部队在高滩村吃上了热饭，得到了休整，走出了失败的阴霾，又踏上了新的征程。

茅坪安家

终于有了个落脚点

袁文才的大本营茅坪

井冈山的茅坪，原先是农民武装袁文才的大本营。袁文才是客家人，与当地土豪劣绅有较深的矛盾。早年为反抗土豪劣绅的压迫，袁文才参加了当地的马刀队。后来，马刀队改编为农民自卫军，袁文才任总指挥，并加入中国共产党。1927 年大革命失败后，袁文才率农民自卫军攻进永新县城，打开监狱，营救了一批共产党员和群众。后来，袁文才带领农民自卫军保护中共永新县委负责人王怀、刘珍、贺子珍等回宁冈茅坪一带，在这里坚持斗争。

1927 年 9 月 29 日，毛泽东和部队官兵进驻三湾，在进行改编的同时，毛泽东给袁文才写了一封信，表达了秋收起义部队上山的意愿。袁文才接到信后，当即召集龙超清、龙国恩及自己身边的主要骨干一起商讨。一时，众说纷纭。有的表示担忧，有的支持去接头，有的提出要提防弱肉强食。袁文才、龙超清认为毛

茅坪革命旧址群

泽东是党内同志，也就是自己人，既然来了信，就应去接头。于是决定派龙超清、龙国恩、陈慕平为代表，去三湾与毛泽东联系。

龙超清一行三人于10月2日到了三湾。毛泽东亲自接见了他们，并向他们说明了工农革命军的上山意图、政治主张，表示希望同袁文才部合作，一道开展革命斗争。龙超清等人也介绍了井冈山地区的具体情况并表示欢迎工农革命军进驻宁冈，并提议部队先到离三湾30里地的古城，再安排袁文才与毛泽东见面。

10月3日，告别三湾人民，改编后的工农革命军全体指战员踏上了迈向井冈山的征途。中午时分，部队来到了宁冈古城。毛泽东虽然与龙超清等交换了意见，但他还是担心袁文才不肯合作。因此，部队到达古城后他就着手研究针对袁文才应采取的方针，以及工农革命军的落脚点问题。出于这种考虑，毛泽东决定在古城召开一次党的前委扩大会议，同时邀请宁冈县委的同志参加，认真研究，具体部署工农革命军下一步的行动。这就是著名的“古城会议”。

会上，毛泽东分析了在罗霄山脉中段建立革命根据地的条件，打算在井冈山建立革命根据地，进行长期的武装割据。但在这时，袁文才的代表提出：愿意给工农革命军一些给养，请革命军“另择高山”。毛泽东见状，即向袁文才的代表晓以大义，陈述利弊，并靠着龙超清等人的帮助，说服了他们。

古城会议旧址

古城会议后，毛泽东、袁文才在大仓会面，毛泽东鼓励袁文才扩大和巩固部队，坚持革命斗争，并决定送给他 100 支枪。袁文才见状，也消除了疑虑，当即拿出 1000 块银元赠送给工农革命军，并表示要积极帮助部队筹备军粮、安置伤病员，还答应上山做王佐的工作。工农革命军随即进驻茅坪。

工农革命军进驻茅坪后，在宁冈县党组织和袁文才的帮助下，在茅坪的攀龙书院里创办了井冈山革命根据地的第一所医院——茅坪后方医院。院长曹鑅，党代表赵发仲。

在茅坪建立医院的同时，工农革命军还在茅坪建立了一个后方留守处。留守处设在茅坪的象山庵。留守处主任是原工农革命军第一师的副师长余贲民。留守处负责统管军官队、卫生队、辎重队、

茅坪象山庵

茅坪攀龙书院

机炮连等后勤单位。工农革命军在茅坪设立了留守处和后方医院，放下了辎重，得到了休整，找到了一个落脚点。这一事件史称“茅坪安家”。随后，工农革命军在井冈山地区开始了创建罗霄山脉中段红色政权的伟大斗争。

工农革命军转战千里，居无定所，进入茅坪后，终于找到了一个理想的安身之处。

在革命斗争严重受挫的时期，毛泽东审时度势，决定到茅坪安家立足，开辟井冈山革命根据地。茅坪以博大的胸怀接纳了这颗红色的火种。这颗火种虽然看起来那么微弱，然而，“大事难事看担当，顺境逆境看襟度，临喜临怒看涵养，群行群止看识见”。当初，在井冈山革命根据地艰苦卓绝的斗争中，困难和挫折是随时都可能发生的，但是，只要我们不忘革命初心，在挫折中坚强，在逆境中前行，在失败中奋起，中国的革命事业终会取得成功。

历史小百科

古城会议

1927年10月3日，毛泽东率领秋收起义部队从永新县三湾村来到宁冈县古城，在这里主持召开了前委扩大会议。出席会议的有前敌委员会委员、工农革命军营以上的党员干部及宁冈县党组织的负责人和袁文才的代表，共40多人。会议历时2天，总结了秋收起义的经验教训，讨论了在罗霄山脉中段建立根据地、开展武装斗争，以及争取改造袁文才、王佐两支农民武装等问题。古城会议是三湾前委扩大会议的继续和发展。这次会议确定在湘赣边界开展工农武装割据的决策，为此后井冈山革命根据地的创建、为我党实现工作重心的转移奠定了基础。

一根灯芯著雄文

八角楼的灯光照四方

八角楼上探新路

八角楼的灯光下，诞生了指导中国革命的光辉著作，体现了毛泽东亲力亲为、深入实际、调查研究的优良作风。面对白色恐怖和艰苦环境的双重重压，毛泽东始终保持清醒的头脑，坚持实事求是，以非凡的勇气总结经验、大胆探索。在日常的学习、工作中，面对现实的复杂多变，我们也要把实事求是作为判断形势和情况的根本依据和手段，克服干扰、沉着冷静，勇于探索新路子、新办法。

说到八角楼，可能不少人会想到那首耳熟能详的红歌《八角楼的灯光》："天上的北斗星最明亮，茅坪河的水啊闪银光。井冈山的人哎抬头望哎，八角楼的灯光哎照四方，我们的毛委员在灯光下写文章。革命风雷笔下起，五洲四海红旗扬……"

毛泽东与八角楼可谓有着不解之缘。自 1927 年 10 月 7 日转

八角楼内景

兵井冈山后，毛泽东在八角楼上办公和居住的时间最长。其间，为了厉行节约，毛泽东向全军宣布了一个关于使用油灯的规定：团、营、连部晚上办公时用一盏灯，可点三根灯芯，办完公要熄掉，连部留一盏灯作带班、查哨用，只准点一根灯芯。

按规定，毛泽东是党和军队的领导人，可以点三根灯芯，但自从宣布规定那天起，每当夜幕降临，八角楼上便经常只亮着一盏燃着一根灯芯的青油灯，毛泽东就在这昏暗的灯光下工作至深夜。

这天夜里，因为下了入冬以来的第一场雪，天气格外寒冷。

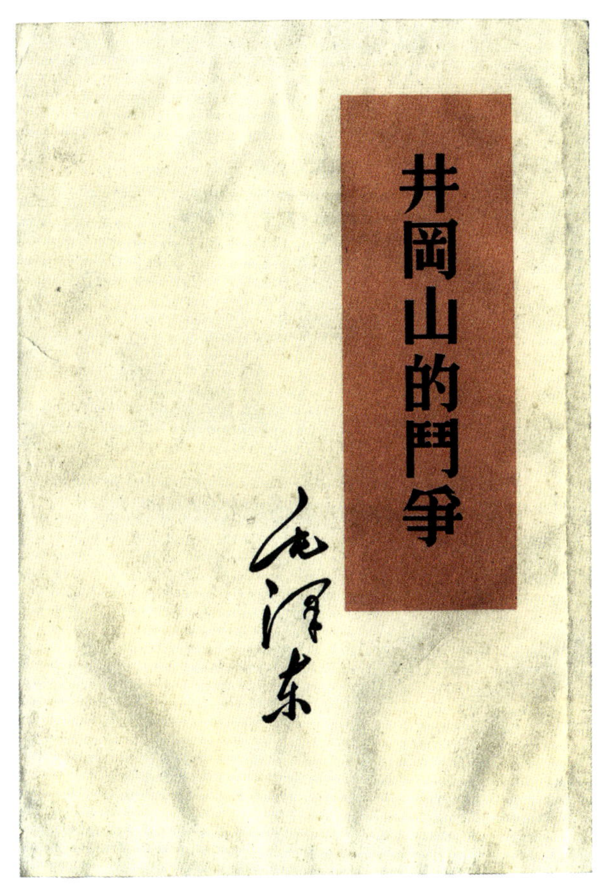

毛泽东在八角楼起草的《井冈山前委对中央的报告》，中华人民共和国成立后毛泽东亲自改题为《井冈山的斗争》

茅坪八角楼毛泽东旧居

住在楼下的警卫员担心毛泽东受冻着凉，设法搞到了一个火笼，送给毛泽东御寒。谁知毛泽东却拒绝他：“小鬼啊，你看我身上都披着线毯了，不会冷的。你把火笼送给感冒了的谭秘书（谭政）吧。”见警卫员站着不动，毛泽东只好接过火笼，亲自将火笼送了过去。毛泽东下楼后，警卫员看到毛泽东房间里的光线实在太暗了，就好心往油灯里多添了一根灯芯。毛泽东回到房间后，见油灯变亮了很多，不由得皱了一下眉，他把添加的一根灯芯拨开，继续在昏暗的灯光下奋笔疾书。

寒夜中的毛泽东在八角楼上彻夜未眠，始终保持着昂扬的斗志。他披着一方薄毯，写出了《中国的红色政权为什么能够存在？》《井冈山的斗争》两篇文章。在这两篇文章中，毛泽东结合井冈山斗争的具体实践，回答了上至中央下到军民关于“红旗到底打得多久”的疑问，坚定了广大群众跟党干革命的信念，从理论上全面系统地总结了创建井冈山革命根据地的经验，阐明了“工农武装割据”的光辉思想，指明了中国革命的方向。

一盏普通的青油灯不知伴随着毛泽东度过了多少个不眠之夜，一根灯芯的油灯虽然光线暗淡，但与天上的北斗遥相辉映，同放光芒。

如今，在井冈山仍然传唱着这样的歌谣：

天上的北斗亮晶晶，
八角楼的灯光通通明。
毛委员就是那掌灯的人，
照亮中国革命的万里程。

历史小百科

八 角 楼

八角楼位于江西省井冈山市茅坪乡茅坪村北，是毛泽东在井冈山革命斗争时期最重要的住地之一。八角楼是一栋土砖结构的两层楼房，因装饰八角天窗故当地群众称这座楼为八角楼。

1927 年 10 月至 1929 年 1 月，毛泽东经常在此居住和办公，领导井冈山根据地的革命斗争；同时进行红色政权理论研究工作。

1961 年 3 月 4 日，国务院公布八角楼为全国重点文物保护单位。

第三部分

艰苦奋斗攻难关

——奋勇向前克时艰

艰苦奋斗是井冈山精神的基石。井冈山斗争时期，中国共产党人在极端困难的条件下，自强不息，艰苦奋斗，渡过重重难关，以“红米饭、南瓜汤”书写了中国革命历史的新篇章。井冈山虽然条件艰苦，但官兵一致、上下同心，毛泽东、朱德等根据地领导人率先垂范、廉洁自律，与大家“有盐同咸，无盐同淡”，在军民中产生了巨大的正效应。“毛委员带头打草鞋”“朱德的扁担”等脍炙人口的故事传诵至今，成为今天进行廉政教育的生动教材。在井冈山物质生活极其清苦的时期，红军战士不但没有怨言，反而作战更加勇敢，思想更加统一，信念更加坚定，始终保持着旺盛的革命斗志和革命的乐观主义精神，取得了一个又一个的胜利。

朱德的扁担

熔铸了一代先驱的傲骨和向往

率先垂范克时艰

“朱德挑粮上坳，粮食绝对可靠；大家齐心协力，粉碎敌人‘会剿’。”这是一首反映朱德同志在井冈山革命根据地艰苦奋斗，与当地军民同甘共苦的革命精神的歌谣，“朱德的扁担”的故事也伴随着这首歌谣流传开来，被人们传诵至今。朱德作为红四军军长，是红四军的最高军事领导人，他不仅在战场上率队冲锋陷阵，而且和战士们一道挑粮上山，身先士卒，鼓舞红军在战斗中不断克服种种困难，不断成长壮大。

1928 年初冬，国民党反动派加紧了对井冈山革命根据地的残酷军事“会剿”和严密经济封锁，妄图把红军困死、饿死在井冈山。当年的井冈山上除了正规红军部队外，另有 800 多名伤病员，还有党、政、军等后勤机关的工作人员，每天需要大量的粮食。但山上“人口不满两千，产谷不满万担”，要储备粮食只有从附

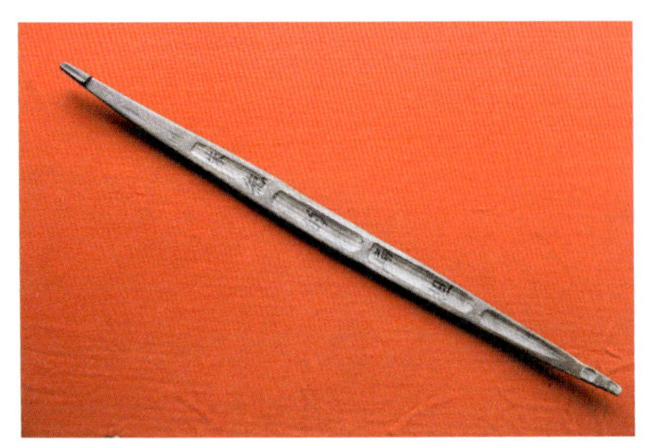

朱德的扁担

红军挑粮用过的布袋

近的宁冈、永新、遂川三县运粮上山。为了保卫井冈山革命根据地，粉碎敌人的经济封锁，根据地军民积极响应前委号召，掀起了轰轰烈烈的挑粮运动。

从井冈山上到山下的茅坪，有五六十里山路，非常难走。尤其是从桃寮到黄洋界那一段路，就是空着手走，也累得够受，肩上挑着担子，就更吃力了。因此，每次运粮，战士们总是起早赶路，摸黑回山。当时，朱德已经 40 多岁了，他白天挑粮上山，夜里还要批阅文件，和毛泽东一起商议革命大计。大家生怕他累坏了，都来劝他，说：“您日夜操劳太吃力了，不要再下山挑粮了吧！我们大家每人多挑一点，就把你的这份补上了。”每当这时，朱德总是风趣地说：“吃饭有我的份，挑粮也有我的份！光吃饭不挑粮，那不成剥削阶级了吗？”见劝不动朱德，有位战士想出了一个主意，他对大伙儿说：

黄洋界荷树

井冈山红色歌谣

头戴竹斗笠，脚着麻草鞋，
肩挑十石米，手种百担菜。
打仗一阵风，横扫八百里，
苏区人人敬，红军朱司令。

“我们把朱军长的扁担藏起来，没有扁担，他就没有办法去挑粮了。”大家异口同声地说：“好！”这天挑粮回来，大家就把朱德的扁担藏了起来。可是第二天，朱德又拿了一根新削好的扁担出现在挑粮的队伍中。大伙儿都说：“他削多少，我们就藏多少，一直藏到他不再挑粮为止。”这天，队伍又要到茅坪去挑粮。天还没亮，大家就起床了。吃过饭，战士们有的挑着箩筐，有的背着麻包，有的提着布袋，浩浩荡荡地出发了。朱德也准备动身，便去拿放在墙角的扁担。奇怪，扁担又不见了，怎么也找不到。

朱德的扁担哪里去了呢？原来，战士们又把扁担藏起来了。谁知大家刚走到黄洋界，朱德又挑着箩筐，满头大汗地赶上来了。等他坐下来休息时，战士们才发现朱德又新削了一根扁担。

过几天扁担又不见了，朱德又削了一根新扁担，而且在扁担的正中刻上了“朱德的扁担”五个大字。大家看见这根新扁担，越发敬爱朱德同志，从此，朱德的扁担再没有人“偷”了，“朱德的扁担”的故事也流传至今。

毛委员带头打草鞋

“艰苦奋斗是我们的本色”

官兵一致的精神

井冈山时期，毛泽东不仅带头打草鞋，还教会了战士们打草鞋，给大家树立了一个勤劳俭朴的好榜样，这就是一种精神，就是干部带头吃苦、带头做事的精神，就是官兵一致的精神。正是有了这样一种精神，井冈山军民才能够团结一心，井冈山才会在敌人的围攻、封锁下得以生存和发展，并最终取得中国革命的胜利。

自古以来草鞋是中国山区居民的传统劳动用鞋，山民们无论男女老幼，凡下地干活，上山砍柴、伐木、采药、狩猎都穿草鞋。草鞋的编织材料各种各样，但主要以草为主，所以草鞋因此得名。而在我国的南方地区，草鞋的编织材料主要是稻草。

井冈山时期，因为条件艰苦，草鞋是红军官兵的必要装备之一，打草鞋也就成了每一位官兵必须具备的基本功。1927 年冬天，毛

红军时期的毛泽东

泽东住在茅坪步云山白云寺的时候，一有空闲，他就叫住在洋桥湖村的谢慈俚教他打草鞋。谢慈俚是一位打草鞋的高手，他打的草鞋又轻便又结实。有一天，毛泽东亲自去向他请教，他连忙拿出工具和稻草，一边打一边讲。毛泽东坐在一旁仔细地听、仔细地看，每一个步骤、每一个动作，都默默地记在心里。

毛泽东在井冈山使用过的草鞋沟

不一会儿，谢慈俚就打好了一只草鞋。毛泽东捡起地上的稻草，对谢慈俚说："让我来试试吧！"说着接过谢慈俚递上的工具。

就这样，毛泽东这双拿过笔、握过枪、指挥过千军万马的大手，又在白云寺的厅堂里打起了草鞋。他是那么认真，那么专注。他学着谢慈俚的样子，细细琢磨着他讲的每一个要领，有时还问上几句，很快一只草鞋就打成了。

谢慈俚看着毛泽东打的草鞋，惊讶地说："毛委员，没想到你草鞋打得还真不错啊！"

一天清晨，厅堂来了一群工农革命军战士，他们拿着一双新打的草鞋在议论，有的说这草鞋打得真好，有的称赞谢慈俚的手艺好。这时，谢慈俚生怕他们吵醒工作了一夜的毛委员，就压低嗓门对大家说："这不是我的手艺，是毛委员昨天夜里打的。"

井冈山红色歌谣

井冈山上太阳红，
太阳就是毛泽东。
万水千山都照亮，
照得人心暖烘烘。

说话间，毛泽东从外面走了进来，原来他早早地就起来了。大家围上去，毛泽东拿出他打的另一双草鞋对大家说：“国民党一方面派重兵‘进剿’井冈山，一方面又在生活上卡我们的脖子，对我们实行严密的经济封锁，想把我们困死、饿死、冻死在井冈山，但是我们不怕困难，我们要自己想办法去克服困难。刚才找了几个干部商量好了，我们没有鞋子穿，大家就动手向群众学打草鞋。”

面对重重困难，毛泽东向红军指战员发出号召：没有粮，我们自己种；没有菜，我们自己栽；没有布，我们自己织；没有鞋，我们自己动手打草鞋！

部队的干部和战士们当天就行动起来开始学习打草鞋。

后来，战士们打草鞋的水平不断提高，即使没有打草鞋的专门工具，只要在木头上钉两个钉子或在树上找个杈，战士们就可以打草鞋了。

朱军长睡地铺

得人心者必得天下

“红军之父”朱德

1937 年 1 月，美国女作家史沫特莱受邀来到延安。到达延安的当天晚上，她便与两位朋友一块去见朱德，朱德给这些国际友人留下了深刻的印象。史沫特莱在她的报告文学《中国的战歌》中写道：“确实，他（朱德）看着就像是红军的父亲（红军之父）。他刚刚过了五十岁，长着一张和蔼的脸，上面已经有了皱纹。”史沫特莱的这一句“红军之父”道出了朱德总司令在战士们心中的崇高威望，也道出了朱德总司令在人民心中的地位。

1928 年 6 月，湘赣两省国民党军获悉红四军出击湘南失利的消息后，向井冈山革命根据地发动了更大规模的“联合会剿”。湖南国民党第八军吴尚部，由茶陵、酃县向宁冈推进；江西国民党军杨池生第九师、杨如轩第二十七师共 5 个团，由吉安向永新进攻。

毛泽东、朱德等决定对力量较强的湘军取守势，对力量较弱的赣军取攻势，采取声东击西的策略，由毛泽东率三十一团在永新阻击来自吉安方向的赣敌；朱德则率二十八、二十九团挥师西进，佯攻酃县，牵制湘敌，迷惑赣军。

朱德

朱德率红军大队攻克酃县后，本计划再攻茶陵，但此时，湘敌已退驻茶陵，赣敌重兵又聚集永新，三十一团面临严重威胁。于是，朱德、陈毅决定率红军大队折回宁冈，增援永新。

这一天，部队在酃县的一个山村宿营，村里人家少，房子小，部队住不下，战士们提议让朱军长住屋里。朱德说："大家跑了一天的路，都很累了，屋里让给身体不好的同志们去住吧。"朱德不肯在屋里住，同志们就硬把他的行李搬到屋里去，朱德拦也拦不住。

那天晚上，天气很热，战士们都光着膀子睡，屋子里鼾声四起。朱德从睡铺上起来，看了看光着膀子睡觉的战士们，自言自语地说："太不注意身体了，若是着了凉，明天就行不了军！"于是，他一个一个为他们盖上了线毯。

盖好了毯子，朱德看着战士们睡得太挤，心想：同志们跑了一天的路，都辛苦了，该让他们睡得舒服些。于是他悄悄地把自己的铺盖卷起来，拿到屋外去睡了。第二天早上，战士们睁眼一看，

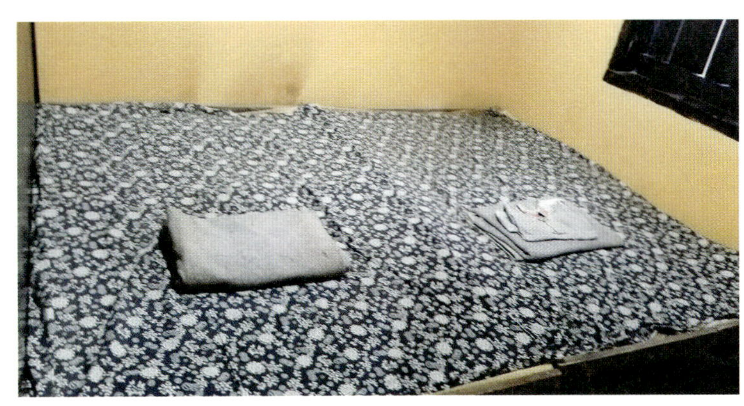

红军地铺

朱军长不见了。

“朱军长哪里去了？”

“朱军长怎么不见了？”

“朱军长！朱军长！……”

大家都坐了起来，你看着我，我看着你，你一句我一句地问个不休。

“朱军长在这里啊！”朱德的声音从屋外传进来。大伙儿一窝蜂地跑出去，看见朱德正躺在屋檐下的稻草堆里。

朱德军长以身作则，带头吃苦耐劳，他一直以一名普通的红军战士的标准要求自己，其他人怎能不效仿呢？因此，廉而洁之，勤而奋之，就成了一种纪律、一种风尚、一种道德，成了中国共产党得民心、得天下的原因。

历史小百科

永新困敌

1928年7月中旬，江西国民党军王钧、金汉鼎5个团，胡文斗6个团，共11个团的兵力，集结于永新，准备彻底“清剿”井冈山红军。而红军主力这时已开往湘南，永新只有三十一团驻守。毛泽东、宛希先、朱云卿、何挺颖率三十一团在永新阻挡赣敌。在敌我力量对比悬殊的情况下，毛泽东在永新西乡召开了三十一团营、团干部会议，研究对付敌人的办法，决定部队主动撤出永新城，充分发动群众，用广泛的游击战对付敌人的进攻。永新人民群众迅速组织起来，有3万多人组成23个团，分别参加红军各路行动委员会的军事活动。除组成部队直接参战外，其他群众也纷纷组织起来，为红军送茶送饭、运输弹药、站岗放哨、慰问战士、看护伤员。永新全县到处是军民并肩战斗、共同歼敌的战场，江西敌军陷入了军民联防的重重包围之中。广大军民用四面游击的战术，日夜骚扰、袭击敌人。他们声东击西，忽南忽北，停停打打，真真假假，把敌人弄得惶惶不可终日，不敢妄动一步。那时的永新，白天，县城郊外处处是红旗和梭镖；晚上，漫山遍野点燃了通亮的火把。就这样，红四军三十一团和永新广大人民群众筑成铜墙铁壁，把赣敌11个团围困在永新县城周围30里内达25天之久，创造了红军游击战争史上的奇迹。

张子清“舍命献盐”

颂不尽义薄云天的慷慨

普通食盐见真情

盐是我们日常生活中不可或缺的调味品，菜肴如果缺少盐便会食之无味。但在井冈山斗争时期，盐却承担着多种角色，它甚至还是救命的药品，也由此发生了许多与盐有关的动人故事。井冈山时期，张子清舍命献盐就是其中的一个。

张子清是我军早期杰出的军事将领，在红军中享有崇高的威望。与张子清共过事的老红军都称他是一位杰出的军事家，对他高尚的品德推崇备至。

张子清是湖南益阳人，出身于将门之家，从小受父亲的影响，立志从军，报效祖国。1927 年 9 月，他参加了毛泽东领导的秋收起义，三湾改编时任一团三营营长。在井冈山时期，他与宛希先被誉为毛泽东的“左膀右臂”，为井冈山革命根据地的创建立下了汗马功劳。然而，正当张子清在战火纷飞的井冈山斗争中越来越显示出卓越的军事才能时，一场灾难降临了。

1928 年 3 月，张子清随毛泽东率领的工农革命军南下湘南，迎接朱德、陈毅率领的南昌起义部队和湘南农军上井冈山。在回井冈山途中，为掩护朱德、陈毅部队后撤，在湖南酃县接龙桥战斗中，张子清脚踝受重伤。

因为医疗条件差，张子清的伤一直得不到有效的治疗，最后不得不住进了小井红军医院。当时，弹头深嵌在他的踝骨里，由于时间长，伤口溃烂，流着黑紫色的脓血。但是，因为井冈山医疗条件差，医院里面甚至连手术刀都没有，医生只能用磨快的菜刀帮张子清一块一块地割掉那些溃烂的皮肉，用竹镊去夹骨肉里

接龙桥战斗旧址

小井红军医院张子清住过的病房

的弹头。前后手术五六次，每次都疼得张子清大汗淋漓，子弹却始终没取出来。战士们去看张子清，把平时舍不得吃、私攒下来食盐留给他洗伤口。张子清知道食盐在井冈山极其珍贵，因为国民党军对井冈山实行严密的经济封锁，而食盐是严禁运上山的，这时根据地的盐已基本断绝了。张子清用油纸将这些盐裹了一层又一层，然后珍藏起来。每当伤口痛得钻心时，他总会用手去摸一摸，但从来不舍得用。因为他要将这些宝贵的食盐留给那些最需要它的战友。

有一天，医院住进了一批重伤员，急需手术，但这时消毒的食盐却已全部用完了。正当医护人员愁眉不展时，张子清把医生叫到自己床前，掏出那包食盐说："医生同志，请你用它化成盐水，给伤员清洗伤口，尽快手术吧。"

医生用颤抖的双手接过那包食盐，望着张子清已经肿胀成黑紫色的伤腿，不禁潸然泪下。他想劝张子清洗洗自己的伤口，然而他又深深了解张子清坚强的个性。记得有一次，医院决定用刚从战场上缴获的贵重药为他医治，他坚决不肯，执意把药让给了其他战友。他说：“我的伤不要紧，大不了截去一条腿，变成残废还能为革命工作。”想到这儿，医生什么话也说不出来，紧紧地攥着这一小包食盐，低垂着头，匆匆走进了手术室。

后来，战士的伤病得到了医治，重返前线，而张子清却因伤口大面积感染不得不截去了一条腿。1929 年 1 月下旬，湘赣两省国民党军对井冈山发起了第三次大规模“会剿”。张子清在当地军民的保护下，安全转移到了深山里。8 月，红五军返回湘赣边界，

张子清烈士之墓

张子清又被转移到永新，但终因缺医少药，伤口再次化脓感染，医治无效，于 1930 年春逝世。他的遗体安葬在永新城郊风景秀丽的东华岭上，那一天，上千军民前往送行。

张子清用生命诠释了官兵平等、大公无私，体现了共产党人一心为他人、从不为自己的奉献精神。

历史小百科

第一所正规红军医院——小井红军医院

1927 年 10 月，毛泽东率工农革命军向井冈山进军，途中在宁冈县茅坪村设立了一所简易的后方医院。1928 年 5 月，毛泽东、朱德两支部队在井冈山胜利会师后，在井冈山的大小五井，建立了后方医院“红军医院”。同年 10 月，湘赣边界党的第二次代表大会决定：“建设较好的红军医院。”红军官兵纷纷将平时发的伙食尾子募捐出来，自己动手，就地取材，于 1928 年冬，在小井建成了一所杉木皮盖屋面、全木质结构、上下两层共 32 间的红军住院部，取名“红光医院”。

1929 年 1 月底，井冈山军民第三次反“会剿”斗争失利，敌军窜入小井，烧毁了红军医院，来不及转移的 130 多名重伤员被敌军残忍杀害。

红军好管家余贲民

为革命当家理财

艰苦的岁月

红军指战员每人每天只有三分钱到五分钱的伙食费。吃的是没油没盐的红米、南瓜，晚上睡觉盖的是干稻草。寒冬腊月里，脚上穿的是草鞋，身上穿的是单衣。但作为红军的“大管家”，余贲民手中却保管着不少的金银财宝。他会怎样对待手中的权力呢？当他的家人向他提出非正常的要求时他会怎样处理？让我们看看他的故事。

1927 年 10 月，毛泽东率领工农革命军来到井冈山，开创了井冈山革命根据地。为了粉碎湘赣两省敌人对根据地的经济封锁，井冈山军民想尽一切办法，积极开展生产自救，并创办了红军早期的军需工业。其中，创办红军被服厂的重任就落到了副师长余贲民的身上。

一天晚上，毛泽东把余贲民请进了八角楼，向他征求意见：“我们在井冈山虽然站稳了脚跟，但还得继续扩大地盘。既然是一个‘家’，就得有经济来源。我想把你留在后方搞经济工作，筹建一个被服厂，怎么样？”

余贲民

一位曾率领千军万马的师级干部，一下子变成了小小的被服厂厂长，这不是大材小用吗？但余贲民没有时间去考虑这些，他一心想的是履行一名共产党员、一个高级军事指挥员的职责，那就是“服从组织，执行命令”。余贲民二话没说，接受了这个任务。

接受任务后，余贲民来到了位于黄洋界山脚下的桃寮村。他将 80 平方米大的张家祠选作厂房，又从遂川县赤卫队挑选 10 多名会缝纫的队员。不久，工农革命军从遂川、永新缴获了 6 台缝纫机及一批棉花和布匹。工人们采取手工操作与机器加工相结合的方法进行生产，

余贲民用过的木箱

红军被服厂旧址

借老乡家的门板做工作台，用五倍子、茶子灰制成复合染料。就这样，工农革命军的第一家被服厂正式成立并开工了。

第一批军服出厂了，有棉衣、棉裤、棉被，还有绑腿、米袋、子弹袋等。时值井冈山天寒地冻，红军得到这一批冬装的补充，真如雪中送炭。余贲民看着战友们分批穿上了工农革命军自己设计、自己加工的军装，心里有说不出的高兴。留守处主任杨立三知道余贲民有严重的风湿性关节炎，他拿出一套军服，对余贲民说："这套棉衣、棉裤和棉被就给你留着吧，不能老这么熬下去！"余贲民却婉言谢绝了。

后来，余贲民担任了湘赣边界工农兵政府财政部部长兼红四

井冈山红色歌谣

石榴开花心里红，
青年同志当英雄。
坚决斗争是出路，
参加红军最光荣。

军军部财务总管。这时的余贲民成了名副其实的红军“管家”。地方上和红军打土豪收缴的金银，统一由财政部管理调配，而那些金条、金砖、金镯子、金戒指等，都由余贲民用一个木箱亲自保管。可就是这样一个“财神爷”，连一双6角钱的雨鞋都舍不得买，一年到头穿的都是一双自己编织的草鞋。在井冈山，他与桃寮村的一位姑娘相爱，快要结婚了。岳母要他送一枚戒指给女儿做信物，他说：“我这里是有不少的戒指、金条等，但这些都是公家的，半个我也不能动。”岳母听后，感叹道：“你们红军的官呀，我算是服了。”

1932年，余贲民在战斗中负伤，由于无法得到及时医治，不幸于1933年牺牲，时年45岁。后来，毛泽东在长征途中、在延安、在中南海都多次提到余贲民为红军当家理财的功绩，赞扬他忠诚于革命事业的无私品德。

朱军长与“团结菜”

野菜很苦，却有政治营养

官兵平等的传统

井冈山斗争时期，红米、南瓜、野菜是红军的主粮。作为红四军军长，朱德和普通战士一样，吃每天五分钱的伙食。毛泽东在给中央的报告中曾经说道：“什么人都是一样苦，从军长到伙夫，除粮食外一律吃五分钱的伙食。发零用钱，两角即一律两角，四角即一律四角。”这正是红军官兵一律平等的真实写照。

1929 年 1 月上旬的一天，红四军军长朱德派人通知三十二团副团长兼二营营长王佐，他当天会赶到三十二团团部，与王佐等人一起研究留守井冈山的兵力部署。

三十二团团部设在茨坪。听说朱军长要来，王佐安排了一间靠南的房间，选好一床厚被子，屋内生起红红的木炭火，整个房间被烤得暖烘烘的。

到了下午，王佐估摸着朱军长该到了，于是就到村前的大路口等候，他想：朱军长一定是骑着马走大路上山的。谁知，一直等到太阳偏西，仍不见朱军长。见天色已晚，王佐无奈，只好打道回府了。

回到茨坪村中，勤务兵跑来报告说："朱军长从小路上山已经先到了，现在正和战士们在一起聊天呢。"

王佐

王佐赶紧前往战士的驻地，一见朱军长便热情邀请他上团部去住。朱德微笑着说："你的好意我知道，心领了。但我不能去你准备好的地方住。"

"哦，为什么？嫌我的床铺不好？"王佐不解地问。

"不不不，我和战士们在一起住惯了，还是和大家住在一起好。"朱德回答。

"可是，山上天气冷，又潮湿，睡在稻草上你怎么吃得消啊？"王佐劝道。

朱德说："稻草很好啊，这可是我们的金丝被呢。战士们都能睡，我为什么不能？"

王佐见劝不动，便说："既然军长执意要住在这里，那我只好主随客便了。不过……"

"不过什么啊？"朱德见王佐说话吞吞吐吐，不由得感到奇怪。

茨坪朱德旧居外景

“我在团部还准备了晚饭，请朱军长用过晚饭再过来休息吧。”

朱德见王佐一片好意，便说：“好，先去吃晚饭。”

王佐大喜，赶紧把朱德迎到了三十二团团部。

朱德一进团部，只见屋子正中的八仙桌上摆了三四个碗的菜，有南瓜、冬笋、香菇，还有一小碟叫不出名的山珍。

“哈哈，王团长，你可把我当成贵客了。”朱德笑着对王佐说。

站在一旁的王佐看着桌上的几个碗却显得有点难为情：“朱军长，你既是我们的军长，又是我们山里人的尊贵客人。按我们山里的规矩，请你这样的客人吃饭，至少也得要十几个碗的菜才行呢。可今天，唉，实在是条件有限，不成样子，请军长莫见怪啊。”

朱德说：“王佐同志，你的心思我知道。目前根据地正处于非常困难的时期，大家吃红米、南瓜却没有怨言，就是为着革命的最后胜利啊。”

说着，朱德径直走进厨房，找来一个搪瓷盆，洗净、揩干，放在八仙桌上，把那几碗菜全部倒进了盆里。

王佐一见，一脸的疑惑：“军长，你这是……”

朱德对王佐说：“你跟我来。”

朱德端着瓷盆，带着王佐一直走到了战士的驻地，把那盆菜倒进了战士们的野菜汤中，说：“我们今天来吃个团结菜吧。”见此情景，王佐这个在战场上摸爬滚打了十多年的硬汉子不禁眼眶湿润了。

吃饭时，朱德又语重心长地对战士们说：“现在我们的生活确实很艰苦，天天吃的都是红米、南瓜和野菜，但这样的饭菜却把我们根据地的全体军民团结得像一个人，大家齐心协力地去对

茨坪朱德旧居

付敌人。”

王佐一边吃饭，一边深有感触地说：“自古至今，都是将贵兵贱，像我们共产党的军队能这样真正做到官兵平等的，是从来没有过的事。所以我们红军在这样的艰苦条件下还能打胜仗啊！”

战士的驻地，弥漫着浓浓的亲情，大家都觉得今天的饭菜格外香甜。

人物档案

王　佐

王佐（1898—1930），又名王云辉，绰号“南斗”。出生于遂川县下庄村（今属井冈山市）一个贫苦农民家庭。1923 年参加农民武装。1927 年，所部改称农民自卫军。同年 6 月，永新的国民党右派发动政变，王佐率所部与宁冈、永新、安福等地农民自卫军于 7 月 26 日在永新暴动队配合下，攻克永新县城，营救被捕的革命同志，旋任赣西农民自卫军副总指挥。后与袁文才率部在宁冈坚持斗争。同年 10 月，对毛泽东率工农革命军进驻井冈山给予积极支持和帮助。后任红四军三十二团副团长、红四军军委委员、中共湘赣边界特委委员、湘赣边界防务委员会主任。领导建立了井冈山革命根据地的后方机关和五大哨口，为井冈山革命根据地的建立、巩固和发展作出了杰出贡献。

陈正人、彭儒夫妇坚守井冈山

生死与共干革命

井冈山的女红军

在井冈山的红军队伍中，有这样一群人，她们是女儿，她们是妻子，她们还是母亲。她们叫“女红军”。她们虽为女人，却有着男人的豪迈和勇敢，在井冈山艰苦的岁月中，她们和男同志一样，战斗在第一线，工作在第一线。她们在血与火的洗礼中成长，用生命和鲜血谱写了一首又一首革命的赞歌。

1928 年春天，湘南农军随朱德、陈毅来到井冈山，与毛泽东部会师。湘南农军中，有一部分是湖南宜章县碕石村彭家的女青年，被誉为“彭家女将”。彭儒就是“彭家女将”中的一员“大将”。

彭儒是衡阳省立第三女子师范学校的学生。长沙“马日事变”后，她从衡阳回到了家乡，1928 年年初参加了湘南暴动。朱德率领部队向井冈山转移时，彭儒和其他“彭家女将”一起随部队上了

陈正人、彭儒夫妇合影

井冈山。

1928年7月，彭儒随红四军二十九团进军湘南，攻打郴州，战斗失利，队伍被打散。回师井冈山途中，彭儒被派到遂川县委做宣传工作。

一天，彭儒和战友们正在大街上刷标语，一个20岁左右的年轻人走过来热情地和他们打招呼。他中等个子，宽宽的额头，一双黑黑的眼睛炯炯有神，穿着一身农民式样的土布衣服，挽着裤腿，打着赤脚，脚上还沾着泥巴。他首先感谢他们对遂川县委工作的支持，并问："你们是哪个部队的？"

彭儒他们回答说："我们原来都是红四军二十九团的，攻打郴州失败后被编入到了二十八团。"

这个年轻人又一一问了他们的姓名，最后说："你们不要累坏了，有什么困难就来找县委。"说完便和几个老表边说边笑地离开了。

彭儒忙向旁边的群众打听，才知道他就是遂川县委书记陈正人。彭儒惊讶地说："一个县委书记连鞋都没有穿，还打着赤脚？"

旁边的同志打趣地说："那你就帮他做一双嘛。"

"可惜我现在没有布，要是有布的话，连夜就帮他做一双。"彭儒毫不示弱。

这就是彭儒与陈正人的第一次会面。

之后不久，1928年秋天，彭儒被调到湘赣边界特委做妇女工作，而陈正人此时也调任湘赣边界特委副书记，他们俩见面的机会便多了起来。

有一天，彭儒收到陈正人写来的一封信，信是用毛笔工工整整地写在一张粉红色纸上的，信中表达了陈正人对彭儒诚挚的感情。因为信是用文言文写的，彭儒有点看不大懂，又不好意思去问他，便去找贺子珍和嫂子吴仲廉商量。她们都称赞陈正人，说他年轻、干练，工作能力强，作风朴实，立场坚定。吴仲廉还对彭儒说："这个人很不错。人家写信你不回，人家来你又跑掉，这怎么行呢？你总得回他一封信吧？"

"可是，这信怎么写啊？"彭儒很不好意思。

"仲廉有经验，你就帮她起草吧。"贺子珍也在一旁极力鼓动。

就这样，经过一段时间的接触，双方的感情进一步加深，最终，彭儒和陈正人在茨坪结婚了。

1929年1月14日，红四军主力离开了井冈山。前委决定，湘赣边界特委和红五军一起留守井冈山。彭儒和陈正人都留了下来。

不久，井冈山失守，彭德怀率红五军突围，特委被打散，只剩下陈正人、彭儒和特委委员王佐农三个人。为了防备敌人搜查，他们躲进了山里，群众冒着生命危险为他们通风报信，瞭望放哨，夜里给他们送饭送水。在山上住了几天后，他们觉得这不是长久之计，应该下山去找党组织。王佐农提出回遂川老家去找地下党组织。这样，王佐农和陈正人、彭儒便分手下山了。

荆竹山

由于敌人白天常在这一带骚扰，不能住在群众家中，陈正人和彭儒便住在荆竹山上一个群众狩猎用的简易竹棚里。冬天的井冈山寒风刺骨，地面又冷又湿。这时，彭儒正怀着第一个孩子。虽然群众送来了一床破了十几个洞的棉花套，但竹棚四面通风，冷得根本无法入睡。他们时而坐起，时而躺着，度过了一个又一个不眠之夜。

还有一个严重的问题就是没有吃的。敌人天天搜山，到处烧杀，要找些吃的是难上加难。有一次，他们从废墟里挖出一些烧焦的谷子，高兴得不得了，捡回来，用手搓出米粒，和着挖来的野菜、竹笋，熬些汤喝。一连 20 多天，他们就是靠着这样的东西勉强充饥。更难受的是没有盐吃，腿发软，心发慌。彭儒怀着孩子，身体更加虚弱，有时走着走着就没了力气，不得不坐下来歇一会儿。虽然条件异常恶劣，但他们心中始终有一个坚定的信念：总有一天会找到党组织，找到红军！

在荆竹山住了 20 多天后，留在宁冈坚持斗争的何长工知道了陈正人和彭儒还在井冈山上坚持斗争，便派人来找。找到他们后，来寻找他们的同志说：“我们是

井冈山红色歌谣

过新年，过新年，
今年不比往常年。
共产党军来到了，
又分谷子又分田。
过新年，过新年，
你拿斧子我拿镰，
高举红旗开大会，
工农翻身掌政权。

何长工同志派来接你们下山的。”彭儒听了，就像久别的孩子见到了亲人，眼泪一下便涌了出来。他们离开了荆竹山，到了宁冈。当时正值春节，何长工在一个老表家里欢迎他们。群众热情地拿出猪肉、年糕、米酒招待他们，忍饥挨饿一个多月的彭儒和陈正人终于吃上了一顿饱饭。

此后，特委的人员又凑到了一起，特委的工作恢复了。

1929年秋天，陈正人和彭儒的孩子在永新县大湾村出生。虽然陈正人和彭儒都很疼爱这个孩子，但为了工作，他们把孩子托付给当地一个老表抚养。

从那以后，陈正人和彭儒再也没有见过这个孩子。

第四部分

依靠群众求胜利

——军民携手谱新篇

群众路线不仅是我党的优良传统和政治优势，更是我党的执政生命线。在井冈山斗争时期，毛泽东等老一辈无产阶级革命家就非常注重走群众路线，密切联系群众，这也成了我党的一笔宝贵的精神财富。

党与人民群众的血肉关系是中国共产党人在艰苦卓绝的革命斗争过程中逐步形成的。人民群众是中国革命无穷无尽的力量源泉。红军把群众当成自己的衣食父母，群众把红军当成是大救星。

在井冈山艰苦卓绝的斗争岁月里，井冈山人民为什么会倾其所有支援红军，甚至不惜冒着生命危险，为红军送粮、送盐，支援革命斗争？根本原因就在于党和红军领导他们打土豪分田地，给了他们生存的权利，给了他们翻身的喜悦。红军帮助群众建立各级红色政权，军民携手，万众一心，众志成城，取得了井冈山斗争一次又一次的胜利，为铸就军民之间的鱼水之情奠定了坚实的基础。

毛委员坐上席

井冈山人迎来了心中的第一贵宾

和群众打成一片

毛泽东出身农民，他特别注重做调查研究工作，到群众中去，和群众促膝谈心，打成一片，深得群众的拥护和爱戴。来到井冈山不久，王佐就对毛泽东的学识非常钦佩，他说："毛委员是最有学问的人，跟他谈一次话，真是胜读十年书。"

茨坪是井冈山上最大的一个村庄，有几十栋由黄泥做墙、树皮盖顶的民房。这里地处湘赣两省的边界，四周群山环绕，险峰峻岭，历来是商贾歇脚之所，也是兵家秣马厉兵、藏龙卧虎之地。"山大王"王佐多年苦心经营他的绿林队伍，多次与官兵、豪绅和其他土匪武装较量之后，终于在茫茫的井冈山扎下了根。毛泽东率领部队来到井冈山后，既给他送枪，又帮他打掉了民团，还给他讲了许多革命道理，一下子令他茅塞顿开。他开始打心眼里佩服毛委员，决定请毛委员带领工农革命军进驻到茨坪来。

1927年10月27日一大早，毛泽东率领工农革命军，随王佐从大井村进驻茨坪。在工农革命军到来的头一天，王佐就派人到茨坪吩咐各家各户打扫卫生，连战士们睡觉的床铺都换上了新鲜的干稻草。工农革命军一到，就像是进了自己的家门，感觉格外亲切。

说来也巧，这天恰好是王佐部下李先开的弟弟办结婚酒的日子。待工农革命军安顿好一切之后，李先开来请王佐，要他去喝喜酒。

王佐心里一动，问："喜酒我当然要去喝。不过我问你，酒席的上席是哪个坐？"

李先开不假思索地说："俗话说，'天上的雷公，地下的舅公'。按规矩当然是我舅舅了。"

王佐笑笑说："今天我们要改改这个规矩。上席要请毛委员来坐。"

李先开一听，疑惑不解，忙问："毛委员是嘛格（当地客家话，"什么"的意思）人，多大的官，怎么连你都这样敬重他？"因为他知道，王佐平时从来不把那些当官的放在眼里。

这一问倒把王佐给问住了，其实他也不知道毛委员是个什么官，思索了好一阵子还是找不到合适的话回答，心里一急，便说道："以前京城里皇帝身边不是有左臣右相吗？现在不叫皇帝，叫党中央了，毛委员就是这个党中央的委员，也就是左臣右相了。你想，这样有身份的人爬山过埂来到我们山里，不坐上席还能让他坐下

毛泽东在茨坪的旧居

席吗？”

说着，王佐一把拉着李先开，要他和自己一起去请毛委员。

刚刚安顿下来的毛泽东接到王佐的邀请，开始还有些惊讶，想了一会儿，觉得一来这是王佐的一片好意，要领这份情，二来也可趁酒席上人多，做些宣传，扩大工农革命军的影响。于是，他就答应去李家做客。

当王佐向来宾们介绍说，这是共产党中央的毛委员，是领导我们穷苦百姓闹革命的人的时候，席间顿时人头攒动，整个场面更是增添了一份喜气。毛泽东站起身来，拱手向各位宾客致意，然后端起一大碗米酒，连连向新郎新娘恭贺道喜，并向井冈山的老百姓问好。接着，毛泽东利用这个难得的好机会，向大家说明共产党的性质、宗旨和工农革命军的任务，号召贫苦农民团结起来，打土豪、分田地、闹翻身。

井冈山红色歌谣

树大不怕狂风吹，
堤高不怕大水冲；
工农有了共产党，
坚决革命没二心。

毛泽东利用农村常见的方式、用农民习惯的思维和井冈山人民群众进行了最早的接触，让井冈山群众近距离认识了共产党人，为他以后开展调查研究工作打下了基础。

自此，毛泽东成了井冈山人民心目中的第一贵宾，“毛委员”这一称呼家喻户晓。不久，毛泽东领导井冈山军民建立了中国的第一个农村革命根据地。

黄洋界上炮声隆

众志成城巧退敌兵

《西江月·井冈山》

山下旌旗在望，山头鼓角相闻。
敌军围困万千重，我自岿然不动。
早已森严壁垒，更加众志成城。
黄洋界上炮声隆，报道敌军宵遁。

这是毛泽东1928年9月初得知黄洋界保卫战胜利的消息后写的一首词。你知道这首词中的“炮声隆”是怎么一回事吗？

1928年8月下旬，毛泽东率领红四军主力外出作战时，湘赣两省敌军纠集4个团的兵力向黄洋界逼近，企图一举捣毁井冈山革命根据地。当时守卫在黄洋界的红军只有三十一团一营的两个连，每支枪只有三至五发子弹。守山军民得知敌军进犯的消息后，昼夜不停地在各个工事前设置了五道防线：第一道防线是布设几里长的竹钉阵，就是将竹子的两端削尖，放在锅里与麦糠等

黄洋界炮台遗址

一起炒，再放到人尿或马尿中浸泡，它就变得又尖又硬又毒。敌人上山的时候可能会绕道而行，当红军打得他们屁滚尿流的时候，敌人就会急不择路，踩到竹钉上，这就起到了杀伤敌人的作用。第二道防线是设置竹篱笆墙障碍，敌人要拆除障碍就要消耗体力。第三道防线是滚木礌石——把木头一抽，石头、木头一起滚下山坡，可以起到砸死、砸伤敌人的作用。第四道防线是一条很深的战壕，敌人跨过壕沟时速度会减慢，便于红军瞄准射击。第五道防线是红军战士的射击掩体。8 月 30 日上午 8 点左右，战斗打响了。井冈山军民在团长朱云卿、党代表何挺颖、营长陈毅安的指挥下，凭险抵抗，击退敌军的多次冲锋。下午，敌军不甘心失败，又集中大量兵力发起进攻。关键时刻，红军将一门刚刚修好的迫击炮从茨坪抬上了黄洋界，当时只有 3 发炮弹，前两发由于井冈山空气比较潮湿，所以是哑炮未能打响，第三发却正中敌军指挥所。山上的群众一边摇旗呐喊，一边点燃放在煤油桶里的鞭炮，“噼噼叭叭”的爆竹声就像机关枪的声音，一时间，土枪土炮齐发射，敌人所到之处都是枪炮声和呐喊声，误以为红军主力返回，吓得连夜逃走。

黄洋界保卫战胜利后，红军战士模仿京剧《空城计》的唱腔编唱了《空山计》，用竹筷敲击脸盆和饭碗等演唱：“我站在黄洋界上观山景，忽听得山下人马乱纷纷。举目抬头来观看，原来是蒋贼发来的兵。一来是，农民斗争少经验；二来是，二十八团离开了永新。你既得宁冈茅坪多侥幸，为何又来侵占我的五井？你既来就该把山进，为何山下扎大营？你莫左思右想心不定，我

黄洋界哨口营房旧址

油画《黄洋界保卫战》

这里内无埋伏外无救兵。你来、来、来！我准备着南瓜红米，红米南瓜，犒赏你的众三军。你来、来、来！请你到井冈山上谈谈革命。”这段唱词，表达了井冈山军民对敌人的藐视以及胜利后的喜悦，歌颂了人民战争的胜利。

当时的形势是敌强我弱，敌众我寡。红军不到 1 个营的人，敌人却有 4 个团的兵力，仅担任前卫的湖南敌军就有 2 个团，而且使用的全是步枪、机枪、迫击炮，而红军却枪弹不足。就是在这种情况下，经过一整天的激战，红军却创造了以少胜多、以弱胜强的战争奇迹。其中，除了红军英勇善战之外，一个更主要的原因就是人民群众的参与和支援。在紧张的备战过程中，群众积极响应号召，进行坚壁清野，并且连夜赶削竹钉，布置“竹钉阵”；同时，群众还自发组成了担架队、运输队等。结果，短短一个晚上的时间，根据地军民就将原有的哨口工事全部加固，从大陇、茅坪通往山上的两条小路上都筑起了“竹钉阵”、竹篱笆墙障碍、滚木礌石、壕沟、射击掩体五道防线。所以，从这个层面来讲，黄洋界保卫战的胜利就是人民战争的胜利。

井冈山斗争时期，党和红军一开始就把群众工作作为红军的三大任务之一，通过宣传群众、组织群众、武装群众、帮助群众建立革命政权，把分散的群众转化为革命斗争的重要力量，才创造了以少胜多的奇迹。

历史小百科

人民群众是红军的坚强后盾

黄洋界位于井冈山的西北面，海拔1343米，是井冈山的五大哨口之一，也是最重要的一个哨口。1928年8月底，敌人不甘心第一次“会剿”的失败，又一次集中重兵对井冈山革命根据地发动了第二次“会剿”。在广大人民群众的全力配合下，井冈山军民取得了这次战斗的胜利。井冈山斗争时期的这种鱼水相依的党群关系，正是井冈山精神内涵的本质特征。

如今，井冈山斗争岁月离我们已有90多年了，但是以毛泽东为代表的共产党人与人民群众始终保持血肉相连、患难与共的联系的经验告诉我们：人民群众永远是我们党的力量之源、执政之基，任何时候都要把依靠群众、服务群众放在首位。

井冈山的石头会唱歌

铁打的军规从此诞生

“三大纪律八项注意”的形成

“三大纪律八项注意”的形成经历了一个较长的时间过程，从 1927 年 10 月 24 日在荆竹山提出“三项纪律”，到 1947 年 10 月 10 日的《中国人民解放军总部关于重新颁布三大纪律八项注意的训令》，前后经历了 20 年才最终定型。从军事实践对军事纪律形成的决定作用来看，它完全是在实践中产生和丰富起来的。这铁一般的纪律铸就了战无不胜的人民军队，使得中国革命不断地从胜利走向胜利。

1927 年 10 月 22 日，毛泽东率领工农革命军向井冈山转移，途中遭到遂川反动武装的袭击，部队被截成两段，担任前卫的三营在营长张子清、副营长伍中豪的带领下前往桂东一带，毛泽东和团部、特务连等被迫退至黄坳村，随后向井冈山进军。因为一路上部队接连受挫，再加上长途跋涉，战士们没有吃过一顿饱饭，于是，部队中出现了侵犯老百姓利益的现象。1927 年 10 月 24 日清晨，毛泽东在井冈山荆竹山的小山村里召集部队讲话。

毛泽东站在稻田中间的雷打石上，首先向大家简要地介绍了井冈山及“山大王”王佐的情况，然后说：“我们就要上井冈山了，大家一定要和山上的群众搞好关系，要和王佐的部队搞好关系，做好群众工作。没有群众的支持，我们的根据地是建不起来的，革命也不可能取得成功。为了和群众搞好关系，现在我给大家宣布三项纪律。”

毛泽东掰着手指说：“这三项纪律是：第一，行动听指挥；第二，不拿农民一个红薯；第三，打土豪筹款子要归公。”

毛泽东为什么要把“不拿农民一个红薯”这件看似普普通通

雷打石

的小事正儿八经地当众宣布，把它当作部队必须遵守的一项纪律呢？原来，就在头一天，发生了这么一件事。

在遂川遭到地主武装肖家璧部的袭击后，部队被打散了，战士们又疲劳又饥渴，好不容易看见了一块红薯地，大家一拥而上，扒出红薯，胡乱地擦一擦泥巴，就塞进嘴里吃了起来。

毛泽东因患有脚疾，走得比较慢，当他随殿后的队伍赶上来时，红薯已被战士们扒去了一大片。看到这一情景，毛泽东非常生气，连忙问在场的几位连排干部："你们经过了老表的同意没有？"

连长曾士峨难为情地摇摇头，小声地说："没有。"

毛泽东对大家说："我们是工农革命军，不是军阀的队伍，怎么能随意侵犯群众的利益呢？像现在这个样子，我们和旧军队有什么区别？"

听了毛泽东的批评，大家都羞愧地低下了头。毛泽东又耐心地说："几个红薯值不了几个钱，看起来是件小事，但体现了一支队伍的作风和纪律。过去旧军队已经让群众伤透了心，我们只有做到对群众秋毫无犯，才能得到群众的支持啊！"

最后，战士们将 6 吊钱用纸包好，又用布裹了一层，埋在红薯地里，作为对群众的补偿。

通过这件事，毛泽东意识到，一定要制定几项具体的纪律让大家共同遵守，好让大家"有法可依"。于是，工农革命军最早的"三项纪律"就在偏僻的荆竹山应运而生了。

后来，毛泽东又对工农革命军宣布了"六项注意"：（一）

中共永新县委编印的《三大纪律八个注意说明》的小册子

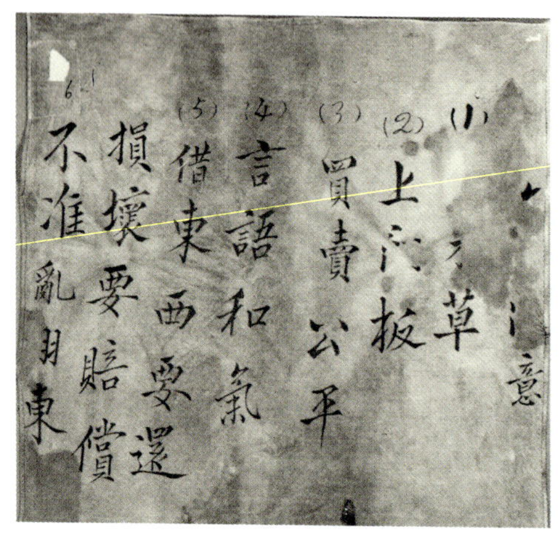

红军把六项注意写在包袱布上

还门板；（二）还铺草；（三）说话和气；（四）买卖公平；（五）借东西要还；（六）损坏东西要赔。

1928 年年初，工农革命军攻占遂川县城后，毛泽东到乡下搞调查，有老乡反映说：“有两件小事如果能改进一下就更好了。工农革命军借了我们的门板去搭铺睡觉，后来还是还了，但是有时候还的不是我家原来的那一块，上不回去了，我自己得挨家挨户去找……”

另一位老乡也大胆地说：“我家一大堆稻草借给工农革命军摊铺，用过后也都还了，可还回来的全是散的，弄得我家和牛栏一样。”

毛泽东听了，说：“放心吧老表，我们马上就改。”

遂川李家坪

1928年1月25日，毛泽东在遂川李家坪主持召开军民大会，会上，毛泽东给工农革命军解释了“六项注意”，并把“还门板”改为“上门板”，把“还铺草”改为“捆铺草”。一字之改，体现了工农革命军是完全彻底、全心全意为人民服务的，是和反动军队有着本质区别的。我们可以看到，在“六项注意”中，每一条都简单明了，都是从一些生活小事入手，保护群众的利益。有的战士还把“六项注意”写在了包袱布上，作为自己的行动准则。

历史小百科

雷打石上定军纪

荆竹山村坐落在井冈山的正西面，整个村庄呈狭长形状，从这个村子再往西走，就是湖南的酃县了。20世纪二三十年代，这里是一个有30多栋民房的小村庄。村里有一块被雷电击破从山上滚落的巨石，被称为雷打石。

1927年10月23日，毛泽东率领秋收起义部队进入荆竹山，井冈山的绿林首领王佐派联络副官朱诗柳前来迎接。毛泽东和他彻夜长谈，把自己的身世、共产党的宗旨和任务以及秋收起义部队攻长沙失利后艰难上山的情况一一相告，也了解到王佐由于以往多次上过反动民团的当，疑虑重重，处处警惕。毛泽东感到，要在井冈山站稳脚跟并寻求发展，就要立即为这支初上井冈山的军队立个规矩，建设一支人民拥护的队伍。1927年10月24日，毛泽东站在雷打石上，热情地赞扬了官兵们冲破艰难险阻坚持革命的精神，兴奋地向大家介绍了井冈山的形势和王佐的情况，并向大家宣布了三条纪律，这是中国红军“三大纪律”的最早雏形。这三条纪律浅显易懂，迅速化为全体官兵的自觉行动。

“有盐同咸，无盐同淡”

朱德与人民群众同甘共苦

珍贵的食盐

食盐是我们日常生活中必不可少的一样东西，但在井冈山斗争时期，食盐却成了最为奇缺的货物。那么，在如此艰苦的条件下，我们的朱德军长又是如何想着生活同样困苦的老百姓的呢？

1928 年 8 月下旬，朱德、陈毅率领的二十八团、二十九团在湘南失利后，毛泽东率领三十一团三营去接应红军大队回井冈山。9 月 13 日，红四军主力在遂川城外与尾追的刘士毅部交战，取得胜利。

攻克遂川县城后，红四军分兵两路在遂川及与遂川相邻的万安县发动群众。按照惯例，朱德带着部分红军官兵到遂川乡下了解情况，做宣传工作。

朱德带领红四军二十八团的几个战士来到了遂川开展宣传工作。在一个小山村里，只有不多的几座茅草房，他带着战士来到一个茅棚前，叫开门后，出来一个手拄拐杖的老大爷，走路还颤颤巍巍的。

朱德见老人两腿摇摇晃晃，脸色灰白泛黄，便问道：“老人家，您是生病了还是没粮食吃了？”

老人叹了口气，断断续续地说：“我不是生病，饭也吃了。虽然没有米，但是还有一点红薯，掺上一点野菜，还能对付一阵子。可是我已经几个月没有尝过盐的味道了。没有盐吃，连路都走不动啦。这些白狗子不让外面的盐运进来，现在的盐价高不说，就是有钱也没有地方买啊。村里好几户人家都外出逃荒去了。”

听完老人的话，朱德脸上流露出难过的表情。国民党军对井冈山革命根据地进行了严密的经济封锁，必要的生活物资都运不上山，部队和普通民众都缺衣少穿，生活极端困难。

回去以后，朱德了解到虽然部队也断盐许久了，但是打下遂川县城的时候还缴获了一些盐。朱德吩咐，把缴获的食盐分出一部分，赶紧送到食盐紧缺的老乡家中，让他们暂时渡过眼前的困境。

红军送给李尚发老人食盐时所用盐罐

第二天，朱德叫战士专程给碧洲的那位老人送去一包盐。老人看着这一包白花花的盐粒，眼含热泪，再

遂川县城旧照

三推辞不肯接受。战士说：“收下吧，老人家。朱军长说了，我们共产党和红军与人民群众有盐同咸，无盐同淡。只要红军有盐吃，就得让老百姓的菜碗也是咸的。这是朱军长交给我的任务啊！”老人听说盐是朱军长让人送来的，突然跪倒在地，磕头说道：“苍天啊，请保佑朱军长，保佑红军，保佑革命成功！”

历史小百科

聂槐妆冒死送食盐

军爱民，民拥军。红军把人民看成是衣食父母，人民把红军看成是大救星。大家或许不知道，教育了我们几代人的电影《闪闪的红星》中，送盐的潘冬子的原型就是井冈山斗争时期的聂槐妆烈士。她是一位女性，一位普普通通的老百姓。为了给红军战士送盐，她想尽了各种办法，用盐水浸泡棉袄，闯过敌人的哨卡，为红军送了多次盐，但最后还是被敌人发现，而被残忍地杀害了。聂槐妆牺牲了，但她的故事却永世相传。一个普通群众为什么连死都不怕？因为“共产党好，共产党为穷人办事”。为了保住革命的胜利果实，他们可以舍生忘死，以命相拼。

彭德怀发银元

革命的火种自此烧得更旺

急群众所急，想群众所想

毛泽东曾说，共产党员要像和尚念“阿弥陀佛”一样，时刻念叨“争取群众”，因为“真正的铜墙铁壁”是千百万真心实意地拥护革命的群众。所以，彭德怀来到井冈山后，首先想到的就是老百姓生活困难，发银元以救济老百姓。

1929 年 1 月底，为了保存革命力量，彭德怀率领红五军及地方武装千余人突围下山。经过几个月艰苦转战，4 月 1 日在瑞金县城与红四军主力胜利会合。

4 月 8 日，部队开到了江西省雩都县城。当时，前委从敌人的报纸上得知何长工等人仍然在湘赣边界一带坚持斗争，立即在雩都召开了扩大会议。根据当时的斗争形势，会议决定由彭德怀率领红五军回师井冈山，与边界党和地方武装一起收复失地，重建边界政权，使赣南闽西革命根据地和井冈山革命根据地遥相呼应，更有力地打击敌人。

根据雩都会议精神，彭德怀率领红五军日夜兼程，向井冈山挺进。经过 20 多天的长途跋涉，于 4 月底到达遂川。此时的井冈山，正规敌军已经大部分撤离，只有一小部分正规军和地方上的反动民团驻扎在井冈山周围。为了阻止红五军上井冈山，遂川县反动地主武装在井冈山黄坳乡封锁了遂川通往井冈山的交通要道。彭德怀率领红五军与敌激战 3 小时，击溃了阻击之敌，缴获了大量的枪支弹药，胜利抵达井冈山茨坪。

红五军回到井冈山后，看到的是一片凄凉的景象。第三次反“会剿”斗争失败以后，敌人在根据地烧杀抢掠，无所不为，茨坪和大小五井的房子全部被烧光，到处都是断壁残垣。红五军指战员见此情景，非常难过。彭德怀和红五军战士在茨坪住了一晚，会见了王佐等人。第二天，红五军在茨坪召开了包括茨坪、大小五井和五大哨口在内的群众大会。会上，彭德怀代表红四军前委和红五军全体指战员向井冈山人民群众表示了亲切慰问，并向群众宣讲了红五军回井冈山的目的，以及恢复井冈山革命根据地的重要意义。接着，在会场旁的北桥上，红五军的战士们纷纷把自己的衣服、毛巾等送给群众，并向到会的群众每人发 1 块银元。

前委的慰问和红五军的经济资助，使井冈山人民渡过了精神和物质上的难关，使根据地人民感受到了党和红军的关怀，很快投入到重建家园和恢复根据地的斗争当中。

复原场景：彭德怀发银元

红五军重返井冈山，不仅加强了边界的武装力量，增强了边界人民革命斗争的信心，而且还带来了前委的正确指示，沟通了赣南和井冈山两个根据地的联系，使湘赣边界的斗争又有了新的活力。

井冈山军民坚持斗争时住过的茅棚

历史小百科

自力更生造银元

由于敌人残酷的经济封锁，根据地军民的生活异常艰苦。根据地的木材、茶叶、茶油等土特产品运不出去，同时，许多生活必需品如食盐、布匹、药品等也不能从白区输入，军民基本的生活用品十分缺乏。

为了繁荣根据地的经济，促进边界的物资交流，粉碎敌人的经济封锁，1928 年 5 月，红军在上井的牛路坑开办了红军造币厂，请造币工人谢荣珍和谢荣光两兄弟上山铸造银元。造币厂创办不久，毛泽东、朱德、陈毅就陪同湖南省委代表杜修经专程到上井视察红军造币厂，向工人发出了生产工农兵政府自己的银元的号召，鼓励工人为巩固根据地多作贡献。造币厂制造的银元供军民在根据地内使用，虽然制作较为粗糙，但军民们都很乐意使用。造币厂的创办，开创了共产党制造货币的先河，为发展根据地的金融事业、粉碎敌人的经济封锁起到了重要的作用。

龙关秀巧送粮

我们怎样对群众，群众就怎样对我们

人民群众是红军的衣食父母

人民群众是中国革命无穷无尽的力量源泉。在井冈山艰难困苦的岁月里，井冈山人民为什么会倾其所有支援红军，甚至不惜冒着生命危险，为红军送粮、送盐，支援革命斗争？根本原因就在于党和红军领导他们打土豪分田地，给了他们生存的权利，给了他们翻身的喜悦。

从龙关秀的身上我们可以看到，红军把群众当成自己的衣食父母，群众就会把红军当成大救星，这是一个朴素的道理。

龙关秀是宁冈柏露斜源村的一名家庭妇女。在参加革命工作之前，她是一个足不出户的农村妇女。1928 年，她成为一名红军交通员。为了给红军传递文件、信件、通知，她常常穿梭于柏露与茨坪之间，战士们亲切地称她为“交通嫂”。1928 年底，湘赣两省敌军对井冈山革命根据地发动了第三次“会剿”。前委得到

宁冈县东南特区赤卫队活动过的地方：狐狸背

敌人进攻的消息后，提出了“围魏救赵”的作战方针，决定由红五军和红四军三十二团留守井冈山，红四军主力到外线去打击敌人。红四军出击赣南后，由于敌我力量悬殊，井冈山失守了。红五军为保存实力，从荆竹山突围出去，与红四军取得了联系。红四军三十二团在何长工、王佐等人的指挥下转入深山老林坚持斗争。红军转入深山后，敌人实行严密的经济封锁，妄想把红军困死、饿死、冻死在山里。这一年的冬天，下了 40 多天的大雪，平地上的积雪有一尺多深，红军官兵被困在山里，衣衫单薄，吃住都成了问题。为解决山里红军的吃饭问题，龙关秀接到了组织上交给她的一项任务：给深山里坚持斗争的红军战士送粮食。接到任务后，龙关秀心里很着急，因为以前送粮时用的办法已经被敌人识破了，再用老一套办法肯定是不行的。到了夜深人静的时候，龙关秀依然没有想出什么好办法。这时，睡在床上的儿子号啕大哭起来，龙关秀心烦意乱，走上前去在儿子的屁股上狠狠地打了两巴掌。没想到，这两巴掌打下去倒是让龙关秀想出了一个为红军送粮的绝妙主意。把儿子哄睡以后，龙关秀马上拿出了一套小孩的衣服和裤子，连夜挑灯缝了起来，一直忙到半夜。她把小孩的衣裤缝在一起，里面装上米，伪装成一个小孩的模样背上山去。就这样，龙关秀一次又一次为山上的红军和游击队送去了救命粮。但是，她的举动却意外地被村上的一个土豪发现了。有一天，龙关秀正在装米，被他看到了，天一亮，他就跑去向敌人告密。当龙关秀依旧背上“孩子”假装上山打柴时，被敌人的哨兵抓了起来。她

名言

真正的铜墙铁壁是什么？是群众，是千百万真心实意地拥护革命的群众。这是真正的铜墙铁壁，什么力量也打不破的，完全打不破的。

——毛泽东

抱了必死的信念，闭口不言。当敌人要她说出藏粮食的地点和红军战士的藏身地时，龙关秀始终坚贞不屈，任凭敌人严刑拷打，决不说出半个字。敌人先是烧了她家的房子，又杀害了她的年幼的儿子。敌人惨无人道的暴行激怒了龙关秀，她一下子甩开按住她的两个敌军，猛地冲向了敌军头目，将他撞倒在地上。这时，敌人的枪响了，龙关秀用自己的鲜血和生命谱写了一曲壮丽的青春之歌。

附录

一、井冈山革命博物馆简介

井冈山革命博物馆是1958年11月由国家文物局投资兴建，1959年10月在中华人民共和国成立10周年之际竣工开放的全国十大献礼工程之一，是我国第一个地方性革命史类博物馆，主要担负井冈山革命斗争历史陈列展览、宣传井冈山精神、管理保护井冈山革命纪念地旧居遗址等光荣职责和神圣使命。毛泽东主席审阅了陈列大纲，朱德委员长题写了馆标。馆藏文物3万余件，珍贵文献资料和历史图片2万余份，珍藏党和国家领导人、著名书画家及社会各界知名人士的墨宝珍迹千余幅，保存毛泽东、朱德等党和国家领导人重上井冈山时的影像资料数百件。

井冈山革命博物馆发挥了革命传统教育和爱国主义教育基地的巨大功能，得到了党和政府以及社会各界的肯定。全国爱国主义教育示范基地“一号工程”井冈山革命博物馆新馆于2005年9月29日动工建设，2007年10月27日井冈山革命根据地创建80周年之际竣工开馆，并于当年11月5日响应党中央号召率先向社会免费开放。新馆占地面积1.782公顷，总建筑面积20030平方米，展厅面积8436平方米。运用“红色经典，现代表述”的理念，辅助运用声、光、电和多媒体等高科技展陈手段，生动地再现了毛泽东、朱德、陈毅、彭德怀、滕代远等老一辈无产阶级革命家把马克思主义的基本原理与中国革命的具体实际相结合，在井冈山点燃了“工农武装割据”的星星之火，创建了中国第一个农村革命根据地——井冈山革命根据地，开辟了“农村包围城市，武装夺取政权”的中国革命胜利道路——井冈山道路，培育了带有原创意义的民族精神——井冈山精神的艰难创业历史。

建馆以来，井冈山革命博物馆遵照“保护第一、加强管理、挖掘价值、有效利用、让文物活起来”的文物工作总方针，大力宣传井冈山斗争史和井冈山精神，开展革命传统和爱国主义教育，认真做好旧居遗址的管理保护、文物征集、史料研究等工作，变资源优势为经济优势，发展红色培训和红色旅游，为井冈山精神传承和经济发展服务。先后接待了毛泽东、朱德、邓小平、江泽民、胡锦涛、习近平等党和国家领导人及国内外观众5000多万人次。荣获首批全国百个爱国主义教育示范基地、首批国家一级博物馆、中国建设工程鲁班奖、新中国成立60周年“百项重大经典建设工程”、全国博物馆十大陈列展览精品特别奖、全国文物系统先进集体等称号或奖项。

二、井冈山革命博物馆参观指南

（一）开放时间

每天8：00—17：00

从 2008 年 11 月 16 日起每周一闭馆，所有展览全部关闭检修、保养。其余时间照常开放。

（二）交通路线

从井冈山市新城区坐半小时汽车到达井冈山内的茨坪景区，然后步行即可到达。

（三）参观须知

1. 该馆实行免费开放（参与项目除外），观众须凭当日票进馆。

2. 个人参观凭本人有效证件，领取当日参观票。

3. 旅游团队、单位团体凭介绍信预约、登记、领票。

4. 入馆前请您将包裹存放在存包处，勿带危险品进馆。

5. 进馆请接受安全检查。

三、井冈山革命博物馆主要教育资源点概况

井冈山革命博物馆整个展览突出了对井冈山精神的诠释和对井冈山道路的叙述，集中宣传、展示了井冈山革命斗争时期的大量珍贵文物、图片、资料，令人耳目一新。同时，围绕井冈山斗争史的主题，除了为观众提供实物、照片、遗物、投影、录像等可读、可看、可听的视听资料外，还通过讲解说明及其他形式，引导人们瞻仰、回忆、反思，以增强观众的感悟能力和理解能力。井冈山革命博物馆免费开放后，在传播和宣讲这段波澜壮阔的历史时，紧紧围绕弘扬伟大井冈山精神这个主题，充分挖掘井冈山精神的价值内涵

和时代意义，在立足原有资源的基础上，更大范围地组织人员力量，拓展开发新资源，形成特点突出、材料生动、形式多样的教学方式。同时致力于管理水平的大力提高，致力于人文关怀的优化服务，致力于拓展宣教工作的内涵和外延，努力把本馆建设成为以弘扬井冈山精神和弘扬爱国主义精神为核心的一流的爱国主义教育示范基地。

井冈山革命博物馆下辖的革命旧居旧址共有100多处，其中国家重点文物保护单位22处、江西省文物保护单位35处、井冈山市文物保护单位23处。为了充分利用、保护好红色文化资源，在长期的爱国主义教育实践中，针对旧居旧址教育内容、教育亮点的匮乏，井冈山革命博物馆从本地实际出发，千方百计丰富爱国主义教育的内容，并结合旅游线路的安排，发掘和恢复了桐木岭哨口、行洲红军标语群等一批重要的旧址遗迹，供游客参观学习；聘请专家对黄洋界、八角楼等12处重点旧居旧址的外部环境进行规划设计，使其本体与周边环境相协调。同时，在旧址内还增设了专题展览及辅助陈列等，进一步增强了基地的直观教育感染力。另外，还充分利用井冈山的外界影响力，广泛地同参加过井冈山斗争的老红军及其子女取得联系，并组织成立了红军后代联谊会，经常开展双向交流活动，为井冈山革命博物馆征集、整理了大量的文物、图片资料，进一步丰富了馆藏教育资源。

习近平总书记在视察井冈山时指出，井冈山斗争时期留给我们最为宝贵的精神财富就是跨越时空的井冈山精神。作为井冈山精神的发源地，井冈山有义务，更有责任“讲好红色故事，传承红色基因”，在弘扬井冈山精神上努力走在前列。近年来，井冈山充分发挥“红色吸引人，绿色留住人，情景感染人”的旅游资源优势，创造性地推出了融培训、参与、体验为一体的红色培训模式，把再现革命情景、体验红色文化、考验自我品格、熔炼团队精神等内容融合在一起，吸引了全国各地、各行业、各阶层的党员干部、军人、学生、企事业单位职工涌入井冈山开展红色培训，红色培训成为井冈山旅游的一大亮点。为此，井冈山革命博物馆加强了对黄洋界，大井毛泽东同志旧居，大井朱德、陈毅同志旧居，小井红军医院，小井红军烈士墓，茨坪革命旧址群，茅坪革命旧址群的维修，并丰富展陈内容，使这几处旧址成为中国井冈山干部学院、全国青少年教育基地、江西干部学院、井冈山干部教育学院等院校的现场教学点，以更好地发挥爱国主义教育基地的宣传作用。

后记

2013 年，在中国共产党成立 92 周年前夕，中共中央政治局 6 月 25 日下午就中国特色社会主义理论和实践进行第七次集体学习时，中共中央总书记习近平强调，历史是最好的教科书。学习党史、国史，是坚持和发展中国特色社会主义、把党和国家各项事业继续推向前进的必修课。

为了充分发挥图书馆、文化馆、博物馆、群艺馆、美术馆等公共文化机构在传承发扬中华优秀传统文化中的作用，使广大青少年对中国共产党领导的革命和建设中的一些重大事件和重要人物有所了解，应大象出版社邀请，井冈山革命博物馆编写了本书。因为本书的主要读者对象为青少年，所以我们把博物馆里的一个又一个感人的故事，以一种崭新的形式展现出来，用英雄事迹为社会提供榜样和模范，以激发青少年的爱国热情，更加珍惜今天的幸福生活；同时本书通过一个个小故事，彰显井冈山精神的内涵，让广大青少年进一步坚定理想信念，传承红色基因，不忘初心，砥砺前行。

本书主要由井冈山革命博物馆编研陈列室的饶道良、周见美、何小文三人承担撰写任务。

因水平有限，编撰过程中难免有不当之处，恳请广大读者批评指正。

编　者

2024 年 1 月